競争教育から
"共生（きょうせい）"教育へ

仲間と育ち合う教室づくりのヒント

渡辺恵津子 著

第1章 "子どものリアル"が見えますか？

❶ 子どもの心の奥の声に耳を傾けて ——"熱い胸と冷たい頭"——

✿「荒れ」と呼ばないで！
——２年生・隆君"喧嘩と悲鳴の始業式"—— 11

気になる言動が増えた背景 11／ トイレに行く暇もない疲労困憊のクラスで 12／ 国語——詩「ねこ殿へ」が心を動かす—— 16／ 床に投げ捨てたプリント——隆君の胸の内—— 20／ 算数——「ウサギ＋ニンジン」で本質を突いた隆君—— 22／ トラブルを起こす背景 23／ 初めて書いてきた≪生活ノート≫（日記） 23／ 生活ノートを一緒に読み合う意味 24／ 否定的な言動の裏に隠れた本当の願い——成長への要求—— 26

✿"わからない辛さ"が、わかりますか？——５年生・英男君の涙—— 27
「おまえはいいよな。宿題をしなくても怒られないんだから」 27／ たいへんだけど、がんばってべんきょうしています 29／ わが子の願いを受け止める 30

✿"良い子の辛さ"が、わかりますか？ 32
「良い子」の異変 32／ １年生の１学期に通知表を改ざんした「良い子」 33／ ３年生・さやかさんの"告白" 34／ １年生・ひかりさんの"プリントすり替え事件"——その心は…… 36／ 世代を越えた"競争の価値観"の問題 38

✿子どものとらえ方、"子ども観"を育てる
——教育実習生と考える—— 39

深い"子ども理解"って、何だろう？ 39／ "子ども理解"について学生たちが討論 40

✿子どものとらえ方、"子ども観"を育てる
——新米先生の成長とその後—— 43

「どうしたらいいかわかりません……」——新米先生の涙—— 43／ ≪ポケット手帳≫が新米先生を励ます 45／ 「ぼくが悪いことをしたら、優しく怒ってください」——２年生・まさお君—— 46／ 「おまえ、オレと遊びたいのか？」 48／ 子どもの"キラリ変化"を見つける目を養う 50／ 「見えないものを見ようと努力する」教師に 51

❷ 大人の「価値観」こそ問われている

★❶ 子どもへの眼差し・価値観は…… 52
ごみ箱に捨てられたテスト――3年生・良美さん 52／ お母さんを取り換えてよ！ 53／ 懇談会で考え合う 53／ 世界から日本の子どもを見ると…… 54／「日本の子どもたちは、spoon-fed だ」 54／ 孤独で友人関係に悩む日本の子ども 55／ 国連子どもの権利委員会の日本政府への勧告 55

★❷ "失敗・間違いは宝" 56
「は・か・せ」からの転換を！ 56
① 「自己肯定感」の低い子を育ててしまう算数授業 57
「アクティブ・ラーニング」の名の下で 57／「こなす授業」――先生の苦しみ―― 59
② 「間違い」の原因・理解のプロセス抜きの算数授業――4年生・算数研究授業―― 59／ 自分の考え方に「×」をつける子ども 59／ 間違えないように「配慮」してしまう 62
③ 失敗や「間違い」から「腑に落ちる」納得を作る 62
「間違い」の原因をみんなで討論 62／ 討論の学びでの4つの発見 63／ "子どもの「間違い」は、教師を育てる「宝」" 64
④ 「3人」と「3人目」の違い――「討論」で納得！―― 65
集合数と順序数 65／「3人」と「3人目」の学習 66／ 子どものことばを通信に載せると…… 68
⑤ 競争から共生への転換を 68

第2章 自分が好きになる"学び"を作ろう
――具体例で見る"子ども理解"と"学び"――

❶ 「できるようになりたい！」子どもの願いに応える学びを、どう作るか

「学校は好きですか？」「授業時間は好きですか？」 74

★ 教師が変われば子どもも変わる！
――破壊と授業不成立の学校で―― 75

"学ぶ子どもが主人公"の確認で再出発　76／　"子ども発見"をした「比例」の学び　77

★2 1年生の育ち合い
──友だちと関われず、学習に興味ない子の成長── 79

「ありがとう」が言えた明君　79／　子どものありのままの表現を書き直す指導？──私の苦い経験──　81／　明君が一緒に遊べる方法を考えようよ！──1年生の提案──　83

★3 1年生、初めての授業参観──親も子も緊張と不安でいっぱい── 85

1年生の親の不安　85／　初めての授業参観──国語「そ」の学習──　86／　《お便りカード》で親と教師の交流　87

★4 "待つ"ことの大切さと難しさ──「やりたい」気持ちを育てる── 89

「どうしても書きたい！」89
1 "待つ"ことは難しい　91
2 国語・『すがたをかえる大豆』が転機に　92
　体験──「実感」と「ことば」をつなげる──　92／　《探検》──取材に出かける3年生──　94／　突然ふみお君が動き出した！　95

❷ 小さな「問い」を大きな「学び」に育てよう

★1 一人の興味がクラス全体の学びにつながる時　98

1 怒られた失敗談から、草木染め学習への発展──2年生──　98
　涙の発表　98／　花の色水遊び　99／　草木染め　99
2 子どもが子どもに教える《漢字先生》　101
　どの学年でも楽しく学べる《漢字先生》　101／　美紀さん、《漢字先生》で「父」の字を担当　102／エピソードと共に記憶する　102／　《漢字先生》から「点字探検」へ　103

★2 ミミズからブドウ、そしてパンへ──総合学習に発展── 104

1 ミミズと土をじっくり観察──3年生──　104
　始まりは《朝の発表》ミミズの報告──3年生──　104／　ミミズのいる土といない土を比べる　105
2 ブドウ〜酵母〜パン作りへ──地域の素敵な大人との出会い──　106
　ブドウ作りを体感　106／　酵母がつないだブドウとパン　107／　菌と共

　　　　に生きる──見えない世界とつながる──　108
　　③ 落ち葉の発酵を五感で知る　109
　　④ 子ども自身が学びの主体となる学習観を　110
　　　　「日本型学力」とは？　110

☆3 雑木林を切らないで！──行政を動かした子どもたち──　111
　　① 正君たちの思いが行政を動かした　111
　　　　正君は虫博士　111／　雑木林を切らないで！　112／　市役所への手紙　113
　　② 調査・討論して決めた雑木林の活用プラン　114
　　　　グループごとにテーマを決めて調査し、学び合う　114／　2時間続いた
　　　　討論──"3つのゾーン"の提案──　115
　　③ 「ブナの森は緑のダム」を学ぶ──6年生・国語──　117
　　④ 子どもが主人公の"学び"とは……　119
　　　　子どもが求めている"学び"とは……　119／　6年後──再び「雑木林
　　　　を切らないで！」──　119

☆ 教室を飛び出す算数が楽しい！
　　── 生活と仲間を結ぶ算数──　121
　　① トイレットペーパーのひみつ──3年生──　121
　　　　「オムツの取り替え問題」から広まった問題作り　121／　算数からトイ
　　　　レットペーパー探検へ　122
　　② 1000cm³ないよ！　牛乳パックの不思議発見！──5年生──　124
　　③ 液量の学びも体験で　125
　　　　L(リットル)探検！　125／　誰が一番たくさん飲んだかな？　126／　「かさ」の
　　　　たし算は、カルピスと水で　127／　レポート作り　129
　　④ セシウム134と137？──そのヘーゼルナッツ、待った！──　130
　　　　単位当たり量「ベクレル」　130／　チェルノブイリ事故と子どもたちが、
　　　　算数でつながった！　130
　　⑤ 「観」を育てる　132
　　　　教師自身が問われる「観」　132／　算数の授業づくりで大切にしたい
　　　　こと　133

第3章 "安心の居場所"をどう作るか

① 安心の居場所としての教室をつくる工夫

★ 大切な朝の「ひと時」の工夫　138
大切な"初めての出会い"──握手・プレゼント・遊び──　138／　呼名プラス"ひと言"　139／　≪朝の発表≫で、子どもの生活や興味を交流　141

★ 生活や興味の交流の場≪朝の発表≫　141
≪朝の発表≫のテーマ・発表形式は、自由　141／　一人の興味・遊びが、仲間につながっていく≪朝の発表≫　142／　クッキーを焼いて≪朝の発表≫──みんなの分も作ってきたよ──　143／　お母さんとやじろべえ作り　144／　母の日にお父さんにあげたカーネーション──胸の内を語り合う≪朝の発表≫──　145／　体重測定で嫌なことを言われた──不満も伝える≪朝の発表≫──　146

★ 「ヒト・モノ・コト」と出会う≪探検活動≫　148
① ≪探検活動≫で教室を飛び出そう！　148
なぜ、≪探検活動≫が大事なのか？　148／　インターネットより携帯電話？　148
② ≪探検活動≫の準備　149
≪お願い便せん≫　149／　≪探検活動≫の流れ　149
③ 算数で、教科書会社に≪探検活動≫！──5年生──　150
筆算の書き方は、どっち？　150／　教科書の書き方がおかしいよ！　151／「3.12×3.2」や「3.1×3.21」をタイル図で考える　152／　教科書会社に物申す！　152
④ 社会科「米作り農家」で≪探検活動≫──5年生──　153
"米探検"から社会問題へ　153／　米から気象台見学へ　154
⑤ ≪探検活動≫で広がる学び　155

★ "綴り""自分を語り""交流する"　156
① ≪授業日記≫──"学びを書き綴る"意味──　156
授業を綴ると見える"新しい世界と自分発見・友だち発見"　156／　'80年代の子どもたちに教えられたこと　157／　子どもが"学びを書き綴る"意味　158／　教材研究と"学びを書き綴る"こと　158
② 「2枚のパンを3人で分けると、1人分はいくつ？」の≪授業日記≫　159
真君の≪授業日記≫　159／　未来さんの≪授業日記≫　161

③ 綴ることで学びの主体が育つ　162

❷ "遊び""文化活動"で仲間づくり

　　① "遊び"は体と心を解放し、子ども同士をつなぐ　164
　　② 民舞「荒馬」のリズムが子どもの飛躍をつくる　165
　　　「荒馬」が薫さんを変えた　166
　　③ ≪詩の発表会≫──生き生きとパフォーマンス──　168
　　　萌子さんたちの『のはらうた』パフォーマンス──２年生──　168／≪詩の発表会≫の取り組み　169／　もめ事も大事　169
　　④ 多様な表現の場、≪劇遊び≫　170
　　　一年の集大成としての≪劇遊び≫　170／『どろぼうがっこう』で≪劇遊び≫──２年生──　171
　　⑤ 自治的活動──≪学級文化活動≫──　173
　　　子ども自身が企画・運営する≪誕生会≫　173／≪学級クラブ≫は、楽しい活動　174／　みんなで解決する──≪提案ボード≫──　175／教室を"安心の場"にする≪机の配置≫　176
　　⑥ 主権者として育つために──児童会活動──　178
　　　「体育着を変えて欲しい！」──要求を実現した子どもたち──　177／社会の大切な担い手の一人として育つ　179

 第4章　疲れ・悩む教師のＱ＆Ａ
──教師って本当にステキな仕事?!──

❶ 愚痴をこぼそう・相談しよう・みんなで考え合おう

　　新任教師です。疲れています！　184
　　ベテランも語る！……この仕事、希望はどこに？　186

❷ 次々に起こるトラブル
　　──実践を綴って、「子どもの見方」を育てよう！──

　　どうしたらいい？　騒ぐ子どもたち　190
　　活発に意見が言えるクラスにしたいけど……　192
　　「甘い顔をしないで、厳しく指導するべき」と言われるけれど……　194
　　子どもたち同士のトラブルや「問題行動」をどうする？　196

③ 子どもを真ん中に考えよう！
―― 子どもを語り、明日の授業をつくる ――

「こなす授業」から抜け出したい！　201

④ 子どもを真ん中につながろう

クレームをどう受け止めるの？　205
虐待・困難を抱えた子どもたちを、どう把握するの？　207

教師として育つとは？
―― "子どもと共に育つ伴走者" ―― 終わりにあたって

求められる2つの"そうぞう力"　211／　"共生"の価値観を育む4つのポイント　211
教師として成長した節目　212
学生時代――取るべき"3つの単位"と学ぶべき"4つの課題"――　212／　新任時代の苦い経験　213／　教育実践の大きな転換点――"実践記録"――　215
「系統学習」の算数、「反復練習」の算数との論争 ―― 深い"子ども理解"と"教材理解" ―― 216
系統学習との論争　216／　反復練習との論争　217
「学びの中で子どもは変わる」ことへの確信　217
教師として育った3つのポイント　218／　つながりながら子育てする"生活者"　219

コラム⑦　≪えつこの部屋≫とご褒美のおんぶ　70
コラム⑧　「円」の学習は、玉入れから　135
コラム⑨　九九はできないけど、42÷9がわかった！　180

私の教室（机等の配置見取図）　178

＊文中の子どもの名前は仮名です。
　また、複数の子どものエピソードを一人に集約したケースもあります。
＊写真提供…片岡洋子・千葉大学教授他。

第1章

"子どものリアル"が見えますか?

第1章 "子どものリアル"が見えますか？

私たちは、先入観で子どもを見ていないでしょうか？ 「昔の子ども」と比べて「いまの子ども」を否定したり、メディアが流す情報をうのみにしたり、表面の言動だけで子どもを「良い子・大変な子」と決めつけてはいないでしょうか？

教室で出会う元気で明るい子どもたちも、ランドセルの中に家庭での生活やいろいろな思いを詰め込んで登校して来ます。中には自分ではどうにもならない寂しさや困難、緊張・不安の感情を溜め込んでイライラをぶつける子、無気力で諦めたように見える子、勉強がわからない辛さを抱えた子、友だちと上手に関われない子、「良い子」と言われ大人の期待に応えようと懸命にがんばる子……。表れる言動は様々でも、どの子も「自分はダメだ」という気持ちと同時に「できるようになりたい」「認めて欲しい」という気持ちもどこかで抱いています。

そうした一人ひとりの背景や内面も含めた"子どものリアル"をきちんと見ることができるかどうか——が、教師や親、そして全ての大人に求められているのではないでしょうか？

小学校校長も"児童への深い理解"を教師に求めていることが、
下の調査結果からもわかります。

**教員免許更新講習で取り上げて欲しい
講習内容は？**（複数回答）

① 児童に対する深い理解 …………… 49％
② 学校内外での危機管理能力 ………… 43％
③ 教科・領域の指導技術 ……………… 38％
④ 教員組織の協働体制 ………………… 36％
⑤ 保護者・地域社会との連携 ………… 33％
⑥ 教育者としての使命感 ……………… 33％
⑦ 教科・領域の専門的知識 …………… 28％

（全国連合小学校長会、2015年度調査より）

「児童に対する深い理解」が前年度より5ポイントもアップしています。子どもを深く理解することは、管理職の願いでもあります（『免許更新制』そのものに反対の教師が多く、子安潤氏らのアンケート調査でも、小学校83％、中学校81％、高校85％の教師が反対です。（『朝日新聞』より））

子どもの心の奥の声に耳を傾けて
——"熱い胸と冷たい頭"——

★1 「荒れ」と呼ばないで！
—— 2年生・隆(たか)君 "喧嘩(けんか)と悲鳴の始業式"——

気になる言動が増えた背景

　どの教室にもいろいろな子どもたちがいます。中でも近ごろは、突然「キレ」たり、授業中落ち着きなく立ち歩いたりする"気になる子"が増えてきたように感じます。「発達障害」ととらえられている子も少なくありませんが、子どもたちは変わったのでしょうか？　なぜ増えてきたように感じるのでしょうか？

　私が教師になりたての1970年代と比べて、経済も社会構造も大きく変化し、いまは大人も子どもも忙しく大変な生活です。2000年に始まった

著者(ちょしゃ)と子どもたち。写真は本文とは関係ありません

『ゆとり』に代わって、2011年からは授業内容・授業時間が増え、長期休暇も「授業時間確保」で減り、「学力向上競争」の中で日々の宿題も多くなって、塾や習い事をする子も昔と比べ格段に増えました。子どもたちの生活は時間に追われ、忙しく窮屈になり、自由な時間が減りました。"気になる言動"が増えてきた背景には、こうした社会や学校、家庭での生活変化が大きく関係しています。

後述しますが（186ページ）、いま学校の教師自身はかつてないほど余裕のない多忙な日々を送っています。"気になる子"を「何とかしたい」と思うものの、思うにまかせない現実があります。しかし、一番「何とかして！」と思っているのは子ども自身です。**教師にとって「困った子」は、本人が一番「困っている子」**なのですが、こうした子どもの見方、「子ども観」を持つことが、いまとても重要なことです。

では、子どもたちの様々な言動の陰には、どんな思いや願い、要求があるのでしょうか。子どもたちの事実から読み取っていきたいと思います。

トイレに行く暇もない疲労困憊のクラスで

「オレは、将来ヤクザになるんだからな！」——小学校2年生の隆君（仮名。以下名前は全て仮名）が私に言ったことばです。その隆君が怒りに肩を震わせ、「多動傾向」と言われる功君に飛びかかって取っ組み合いの大喧嘩。隆君が蹴飛ばして転がるゴミ箱、「先生！　大変！大変！」と叫ぶ子どもたち。止めに入った子までも突き飛ばす2人の喧嘩で、教室は大騒ぎです。こんな騒ぎがよく起きた教室だったので、担任の私は休み時間にトイレに行く暇さえありません。給食の配膳ワゴンさえ、喧嘩でひっくり返されたことがあったほどでした。

隆君の口癖は、「わかんねえ、めんどくせえ、やりたくねえ」でした。「『む』って書けねえよ。おまえ書け」と友だちに字を書かせたり、授業中に立ち歩いて友だちにちょっかいを出していた子です。ひらがなも1年生の計算も十分に習得できていない隆君は、自分の気持ちがコントロール

できず、いつも"イライラ"や"ムカつき"を抱えて落ち着きませんでした。隆君のもう一つの口癖が、「オレなんて、どうだっていいんだ」でした。"トラブルメーカー？"の一人ですが、このクラスでは男女を問わず一目置かれている存在でもありました。しかし、隆君のこうした屈折した言動の裏には、別の真実があったのです。

　私が転任したばかりの新学期は、初日から大騒動でした。期待に胸を膨らませて入った教室で、「髪の毛、引っ張られたぁ」「功につねられたぁ」と、子どもたちが次々に泣きながら訴えて来たのです。
　「痛かったね」「どうしたの？　何もしてない子の髪の毛を引っ張ったらびっくりするよ。やめてね。そんなに怒らないでいいよ」と声をかけながら、子どもたちの言い分を聞き、なぐさめ、注意したり叱ったり……。そんな騒ぎの中、自己紹介と握手、簡単なゲームと歌で慌しく「子どもたちとの出会い」をしました。
　10時からは、2年生全員が歓迎の歌と挨拶をする入学式が控えています。入学式のリハーサルを隣のクラスと合同で始めようとした時、教室の後ろの方で怒鳴り声がしました。
　「オレは、将来ヤクザになるんだからな。こんなことやってられねえよ」。隆君です。机の上に足を載せ、眉間にシワを寄せています。隣のクラスは、もう静かに廊下に並んでリハーサル室に向かっていました。私のクラスは、隆君の声につられてあちこちで騒ぎが起こっています。私は、そんな子どもたちに向かって元気な声で言いました。
　「では、入学式リハーサルに行きまぁーす。廊下に並んでくださぁーい」イスにふんぞり返っている隆君には何も注意をせず、そばに寄って、彼の目を見ながら次のように言ったのです。
　「わかった。やりたくないなら、入学式に出なくていいよ。教室で待っていていいから、どうするかは自分で決めて。どっちでもいい。君にまかせる。入学式に出ない時は、一人にしておくわけにはいかないから、事務の先生のところにいてね」

第1章　"子どものリアル"が見えますか？

　入学式に「出る。出ない」の判断を隆君にまかせたのです。そっぽを向きながら何も返答しない隆君。しかし、すっと立って廊下に出て、列の中に入りました。他の子たちはじっと隆君と私のやりとりを見守っています。隆君は、担任を脅したので当然注意され叱られると思ったのでしょう。「自分で決めていい」なんて言われてとまどっていたようですが、この後の入学式では１年生歓迎の歌も大きな声で歌ったのです。

　式場から退場後、「隆君、校歌もちゃんと歌えたね」と声をかけても知らん顔をしていたものの、その表情はさっきと少し違いました。何となく誇らしげです。他の先生からも、「今日は、入学式で静かにしていたな。恵津子先生にどんなおまじないをかけてもらったんだ？」と言われても、カッカとすることもなく照れくさそうです。私が頭ごなしに注意していたら、きっと反発したに違いありません。隆君を信頼して本人に判断をまかせたことが、彼には伝わったのです。隆君の一連の行動を見て、「自分が大切にされていることさえわかれば、彼は大丈夫かもしれない」と思いました。彼の起こす様々なトラブルは、「自分の思いが大切にされていない、というアピールではないか」と思いました。

　このクラスの子どもたちが抱えている発達課題や家庭のこと等は、申し送りで少しは聞いていたものの、あまりにも衝撃的な出会いで、私は初日からへとへとになりました。職員室で同年代の何でも相談できる同僚の恵先生たちに話を聞いてもらい、少し元気を取り戻しながら「楽しい授業をすれば、きっと子どもたちは集中できる」と自分に言い聞かせて、次の日のプランを練りました。係や当番を決める前に、国語と算数の授業をすぐやることにしたのです。特に低学年の子どもたちは、新しい学年の学習に興味と期待を持っているからです。

　子どもたちは、新しい先生・新しい仲間と、新しい教室で、新たな決意を持って前に進んでいきたいと思っています。学校の中で一番長い時間を占めるのは、授業です。面白く楽しく、みんなで新しい発見をする授業ができるなら、このにぎやかな子どもたちも「必ず前を向いて歩み出して

行ける！」と考えました。次の日は、「クラスのみんなで一緒に考え、どの子も発言ができる国語」と、「子どもたちが新しい世界を発見できる算数」の授業を用意して、教室に向かいました。

国語——詩「ねこ殿へ」が心を動かす——

　国語の授業開きは、間所ひさこの詩「ねこ殿へ」(『ひさこ詩集』日本童話会)です。

　『詩の授業　小学校中学年』(西郷竹彦監修・明治図書)に、作品の分析と実践記録が載っていた詩ですが、そこまで深くはできないにしても、この詩を通して4つのねらいを考えました。

> ❶ 教科書にはない詩を味わわせたい。
> ❷ ネコを擬人化した面白い詩なので、子どもたちはきっと詩の世界に入り、面白さを考えながら、優しさや思いやりも考えることができる。
> ❸ 詩の情景を想像しながら、みんなで考えたり発見したりして学び合いたい。
> ❹ 簡単に暗唱できることを実感させて、自信を持たせたい。

　元担任から、この子どもたちの1年生の時の様子を聞きながら、次の日の準備をしました。

　「生活や学習に課題のある子ばかりで、本当に大変。教科書も読めないし、ひらがなが書けない子もいるの。くり下がりの計算はおろか、1桁(ケタ)の計算も指を使わないとできない子ばかりで、おうちでも勉強を見てもらっていない子がほとんど……」(この先生は、子どもたちの大変さや親のトラブルもあって病に倒れてしまいましたが、子どもたちの良いところも課題もよく見ている先生でした)。

　新学期が始まって2日目。初日と変わらずにぎやかな教室です。1時間目のチャイムが鳴ってもにぎやかな子どもたちを背に、私は黒板に向かってゆっくりと、ただ「**ねこ**」とだけ板書しました。おしゃべりしていた男の子たちは黒板に書かれた文字を見て、今度は口々に「ネコ」のことをしゃべり出しました。勝手なおしゃべりが「ネコ」に変わっただけでしたが、その変化から「この子どもたちと一緒に、この詩の授業ならできる」と私は直観しました。少し時間をおいて、おしゃべりが止み始めたころ、

子どもたちに向かって言いました。
「ネコについていろいろしゃべっていたけど、せっかくなので話したいことがある人は、手を挙げて言ってください。いま話していたことを私にもクラスのみんなにも聞かせて欲しいな」
　でも、誰一人手を挙げません。勝手なおしゃべりはいくらでもしますが、きちんと意見を言うことに慣れていないのです。そこで、大切なルールを１つだけ伝えました。
「教室には小さな声の人もいるし、うまく言えない人もいるから、友だちが意見を言っている時はしゃべらないで聞く。だから発言する人は、起立して言う」
　すると、隆君がすぐに手を挙げました。おばあちゃんの家で飼っているネコのヒゲをハサミで切って引っかかれたと、ふざけながら話し出したのです。つられた男の子たちのネコにまつわる茶化した話が続きましたが、私はじっと待っていました。やがて、「ネコを抱いて寝ている」「団地だから飼えない」等の意見が出されると、子どもたちは友だちの話を次第に静かに聞き始めたのです。興味のある仲間の話は聞ける子どもたちでした。「これなら大丈夫だ」と確信した私は、ひとしきりネコ話が終わったところで、黒板にまた文字を書きました。「殿」です（読めないので「どの」と仮名をふりました）。黒板に書かれているのは、「ねこ殿」。
「変だよ。ネコが殿さまだって！」と大声で叫んだのは隆君。「ネコは殿さまになんかならねえ！」。次に、「殿」の後に「へ」を付け加えて**「ねこ殿へ」**とすると、隆君もつられてふざけていた他の子どもたちも少し真剣になってきました。「えっ？『へ』って？」と言うのです。
　初めて女の子が手を挙げて意見を言いました。舞さんです。
「丁寧にお願いしているような気がする。手紙かもしれない。○○へって手紙に書くから」
と言うのです。続けてまた別の子が「お手紙と思うよ。ネコに手紙出したのかな？」と発言すると、「そんなのありえねえ。ネコに手紙は出さねえ」と座ったまま言う隆君。子どもたちの意見は続きます。「それに、ネコに

丁寧に言うなんておかしいよ」「ネコに言ったってわからないよ」「そんなことないよ。うちのネコだって、言えばわかるよ」……次第に勝手な発言は影をひそめていきました。

「この子たちも、詩の世界に入れる」と確信に近いものを感じながら、一文ずつ書き足し、読めない漢字にはふり仮名をふり、一緒に詩を読み進めていきました。

> うちの庭は、
> あなた方のおべんじょではない。

という一文では、いままで発言していない子も手を挙げました。

「まどころさん怒っている」「優しくない言い方」。隆君も発言します。「ネコってどこでもおしっこするから怒っているんだよ」。

次の文、

> アリのアパートと
> イチゴの芽とで
> もう　いっぱい　なんです。

を書くと、隆君は手を挙げて発言を始めました。

「やっぱり、『アリのアパート』とか『イチゴの芽』とか言っているから優しいと思うよ」「だから、ネコに怒っているんだよ。ネコなんか来るなって思っているよ」。すっかり詩の世界に入り、友だちの発言をちゃんと聞いて、自分の考えを発言している隆君。

もちろん、私はただ黙って聞いていたわけではありません。一人ひとりの意見に、「いまの言い方いいね。友だちの意見をちゃんと聞いていたんだね。さすが２年生！」と少々オーバーに評価しました。実は、教師のこうした何気ない日常の"声かけ評価"は、子どもたちとの安心の関係づくりと自信、そして意欲を引き出すのです。

最後の文は、○○と穴開けにして書きました。

> こんど　泥を掘るとこ　みつけたら
> ○○○○ます。

　○○に入ることばを、子どもたちみんなで考えるようにしたのです。様々な意見が出されました。「たたきます」「蹴飛ばします」「泥をぶつけます」「殺します」という意見も出た時、舞さんが発言しました。
　「この人はそんなことしないよ。優しい人だもの」
　すると、「オレも殺さないと思う」「私も優しい人だと思うから、泥もぶつけないと思う」と賛成の意見が多数出されました。そこで、「ネコが嫌がって逃げることって何だろう？」とみんなで考えていくうちに、
　「ネコは水が嫌いだから、『水をかけます』じゃないかな」
と亮君が発言しました。こうして子どもたちはみんなで考え合って、とうとうぴったりする間所さんの詩の一文を見つけたのです。そして、最後の、

> あしからず

の意味も考えました。
　隆君も子どもたちも昨日とは明らかに違いました。詩の持つ力に惹きつけられていったのでしょう。その後、黒板に全文書かれた詩を、隆君も一緒にみんなで気持ちを込めて読み上げていきました。「怒った読み方、優しい読み方」の表現読みも、自分たちで考えて声を変えていました。さらに、黒板の題名と作者を消し、続いて一文ずつ消しながら何度も声を出して全員で読み上げていくうちに、何も書かれていない黒板になってしまいました。その黒板に向かって子どもたちは詩の全文を唱えました。全員が1時間の授業で暗唱してしまったのです。
　「みんな、がんばったね。詩をもう覚えちゃったじゃないの。全員が何も見ないで言えるなんてびっくりです。ちゃんと友だちの意見も聞きなが

ら自分の考えも言えたしね。さすが2年生。先生も今日はみんなと勉強するのは初めてなのに、一緒に詩を勉強して楽しかった」
と言うと、隆君をはじめ他の子どもたちも、「楽しかった」「面白かった、もう一度やりたい」と言うのです。「まだまだ2年生。この調子なら大丈夫」と内心思った滑り出しでしたが、そう簡単にはいきませんでした。

床に投げ捨てたプリント——隆君の胸の内——

「この詩をおうちの人に聞かせてあげる」を宿題にし、授業後に配った「ねこ殿へ」のプリントを多くの子が大切そうに連絡袋にしまっていた時です。

「オレんち、今日ママいないし、そんなのめんどくせぇ。オレなんてどうだっていいんだ。こんなのいらねえ」
と、隆君がプリントを床に投げてしまいました。「オレ、ママに教えてあげるんだ。面白い詩、勉強したよって」という友だちの声が聞こえた途端に"ふてくされた"のです。詩を聞いてくれるママがいる友だちがうらやましく、妬ましかった。その気持ちを"プリントを床に投げる""ふてくされる"という形でしか表現できなかった隆君。私は、黙ってプリントを拾って机の上に載せ、言いました。

「そうか、今日はママいないんだ。今度ママがいる時に聞かせてあげればいいよ」
と。でも、隆君の心の内が収まらないのはよくわかりました。再びプリントを投げ捨てた隆君は、プイっとそのまま教室を出て、隣の空き教室に入ってしまいました。そこに置いてあった自分の粘土を箱から取り出し、滅茶苦茶に潰してしまったのです。私は声をかけませんでした。自分で自分の気持ちを整理する時間が必要だからです。教室で子どもたちと次の算数の授業の準備をしていると、しばらくして隆君が戻って来たので、「そのプリント、先生が預かっておこうか？」と言いましたが、それには答えず、隆君はくしゃくしゃにした「ねこ殿へ」のプリントをランドセルに放り込みました。

ドングリに見入る子どもたち。写真は本文とは関係ありません

　仕事で毎晩帰りが遅い母親と4年生の姉の3人暮らしの隆君。夜も子どもたち2人だけでいることが多いとわかったのは、しばらくしてからのことです。先の功君との大喧嘩（12ページ）のきっかけは、「勝手にぼくの新しいペンケースにさわった」と功君に怒ったことでした。その筆箱は、忙しくて中々一緒にいられないお母さんに買ってもらった、隆君にとって特別なものだったのです。隆君が突然"キレたり、ふてくされたり"する裏には、こんな事情があったのでした。

　隆君が怒りに身を震わせている時、後ろから抱きかかえると、彼の体が怒りの緊張で固くなっているのが腕に伝わってきます。怒りが収まるまでずっと背中を抱いていると、緊張が次第に解けていくのもよくわかりました。私に体を預けた後、「もう、いいよ」と言いながら教室の隅っこに行って、膝を抱えてじっと座っていることも多かった隆君。その小さな体は、怒りやイライラなど様々な自分の気持ちに折り合いをつけているように見えました。

算数──「ウサギ＋ニンジン」で本質を突いた隆君──

2時間目は算数です。朝作った紙芝居「ウサギとニンジン」を持って、教室に行きました。「算数は、やだあー」と言う子どもたち。算数は苦手のようです。

おもむろに紙芝居を出すと、静かになりました。

「みんなは、たし算できるよね？　これは、すごく簡単だからね」
と言って、子どもたちを紙芝居の前に集めました。

「ウサギが2ひき（正しくは『わ』ですが、この子たちには『ひき』でやりました）いました。ニンジンが3本ありました。合わせていくつでしょう？」
と紙芝居をめくっていくと、「5」「5こ」とあちこちで叫んでいます。そこで、1時間目の国語と同じように挙手して発言してもらいました。

「5です」
と発言した子に続けて質問しました。

「5？　5って何？」

と助数詞を尋ねました。すると何人もが手を挙げて「2＋3＝5こ！」と発言しました。式に全部助数詞をつけてもらうと、

「2ひき＋3本＝5こ」「2ひき＋3本＝5」が出されましたが、友貴君は、

「2ひきと3本をたすから5ひき本だ！」

と発言しました。名言？です。算数が苦手な隆君は「5」と初めに叫んだ後は、友だちにちょっかいを出してちっとも聞いていませんでしたが、友貴君の発言に対して言いました。

「5ひき本なんてありえねえ。こんな問題、できっこねえよ。ウサギがニンジン食っちゃうんだから」

と言ってのけ、そのままトイレに行ってしまいました。"計算苦手"の隆君が、たし算の本質をズバリ言ってのけたのです。

この問題は、ほとんどの大人たちも大学生も「5」と答えますが、たし算の条件（ⅰ：変化しないものの集団であること。ⅱ：同種、同質、同単位のものであること。ⅲ：何を求めるのか、対象がはっきりしていること）を満たしていないので、隆君が正解なのです。

★★トラブルを起こす背景

初めて書いてきた≪生活ノート≫（日記）

一学期も半ばを過ぎたころ、隆君が初めて≪生活ノート≫（日記）を書いてきました。机の上に出したノートには、ふだんよりちょっと丁寧な字で、こう書いてありました。

きのうはままのべっとでひさしぶりにねた。
ままのにおいがした。
なんだかいいゆめをみたようなきがする

隆君が体温計をこすって42度にして早退していった次の日の文です。

いつも仕事で留守がちなママが、この日は病気のお姉ちゃんの看病で家にいたのです。「今日はママが家にいる。ぼくもママのいる家に帰りたい」、隆君のそんな思いが感じられたので、仮病を承知でママに迎えに来てもらったのでした。生活ノートに綴られた3文から、隆君の思いが伝わってきます。ただママのそばにいたかっただけなのに、この日は一緒にママのベッドで寝ることができたのです。ママの匂いに包まれて心地良かったのでしょう。「いいゆめをみたようなきがする」ほどの安心感と心地良さに包まれて寝ている隆君の様子が、手に取るようにこの3文には表れていました。

「オレなんて、どうだっていいんだ」と叫び、イライラ・ムカつきでトゲトゲしながらトラブルを起こす隆君ですが、その言動の裏にどうにもならない寂しさを抱えていたのでした。隆君のこの文は、本人の希望もあったので一枚文集に載せて、みんなで読み合うことにしました。

生活ノートを一緒に読み合う意味

クラスには、隆君と同じような思いをしている子が何人もいたので、他の子どもたちはどう受け止めるのだろうと思いながら読み合いました。

「ママのベッドで寝られてよかったね。私もママのベッドで寝るといい気持ちがするよ。だって、いつも妹ばかりそばにいるから」「うちもだよ。お兄ちゃんだからダメって」「いい夢を見たって、どんな夢か覚えてないの？」
「うん。でも朝になっていい気分だったから、いい夢だったんだ」
「ねえ、ママの匂いって香水の匂い？」
「違うよ。ママの匂いだよ」
「えっ、ママの匂い？」「うちのママは、タバコの匂いがするよ」「オレんちも。タバコの匂い」「お母さんはお化粧の匂いの時もあるけど、あんまりわかんない」「お父さんて臭いよね」

次々に発言する子どもたちですが、どの子も"お母さんやお父さんの匂い"を感じながら生活していたのです。このやり取りを通じて、自分と同

じような思いの友だちがたくさんいることをお互いに発見していました。同時に、いつも暴力的な態度をとる隆君にも子どもたちは共感して発言していたのです。いつもと違う穏やかな笑顔で受け応えしていた隆君。共感して聞いてくれる仲間がいれば、子どもたちは前を向いて歩んでいけるのです。

学級通信文集に載せた隆君の《生活ノート》を読んだお母さんから、手紙が届きました。

> 隆の日記が載っているのでびっくりしました。
> 忙しくてちっともかまってないけど、かわいいこと書いているのですね。でも、いつも私の顔色ばかりを見ている隆が心配です。

忙しくがんばっているお母さんは、一見子どもには関心がないように見えていました。でも、心の中ではわが子のことをずっと心配していたのです。これをきっかけに、隆君のお母さんと私は、学校での様子やおうちでの様子を記録し合う《交換ノート》を始めることになりました。

7月のある日のことです。隆君が私に言いました。
「先生、もうすぐ夏休みだよね。寂しくない？」
「えっ！」。突然の質問で返答に困りました。でも、「うん、寂しいよ」と言いました。

本当は、夏休みが待ち遠しかったのです。トイレに行く暇もない毎日。授業も「やりたくねえ」「こんなに問題したくねえよ！」と言う子が多く、通常の45分授業も20分やっては遊び、遊んだらまた授業をするという具合です。子どもたちがやりたくなるような授業の工夫でも毎日頭を悩ませましたが、何よりも夢にまで見るくらいのトラブル続きで、本当に疲れ果てていたのです。

隆君は、そんな私に続けてこう言いました。
「先生、でも我慢しな。オレも寂しいよ。でもまた9月には会えるからな」

「(夏休みは)うれしい!」と言いそうな気持ちをこらえて、「寂しい」と言って良かったと思いました。隆君の「また9月には会えるからな!」という一言。子どもは何と前向きなのでしょう。同時に、いろいろと暴言も吐くしトラブルも多いこの教室が、彼の居場所になっているのだと実感したのです。「この子たちと一緒に私もがんばらなくちゃ」と、逆に励まされてしまったのです。

否定的な言動の裏に隠れた本当の願い ── 成長への要求 ──

突然「キレる」子やイライラして攻撃的になる子どもたちを「荒れ」と呼ぶことがあります(1990年代後半~現在も)が、この表現には抵抗があります。「荒れ」ではなく、子どもの力ではどうにもできない寂しさややり場のない気持ちが突然吹き出してくる"子どもの屈折した願い"ととらえることが大切ではないかと思うのです。すると、子どもの内にある願いや思いをまっすぐに出せない背景にも目を向けることになるのです。

隆君のような、時に暴力的な言動や「オレなんて、どうだっていい!」という自己否定の叫びの裏にあるものを理解するには、どうすればいいでしょう? 表面に見えない子どもたちの"心の声"に耳を傾け、その声を聞こうとする"熱い胸"。そして、「なぜ、そんな行動をとるのか?」と子どもの事実をつなげて総合的に考え、子どもの生活や背景も含めて分析する"冷たい頭"。この2つができれば、「どうしたらいいか、わからない!」「本当はこんなことはしたくないんだ!」という子どもの声が聞こえ、子どもの中にある本当の願いや思いが見えてくるのではないでしょうか。同時に、様々な「つながり」の課題(子ども同士、子どもと教師、親同士、親と教師等)も、子どもと一緒に考えたい「学び」の課題も見えてくるのです。

子どもの寂しさや苦しさがすぐに消えたり、家庭の現実が簡単に解決することはありません。でも、共感して聴いてくれる仲間や大人が傍らにいる時、子どもたちは寂しさ・苦しさの中にある自分の声にならない声をことばで表現できるようになります。ことばによる表現は、子ども自身を成長させるだけでなく、子ども同士をつなぎます。さらに親もつなげて子ど

もの育ちを励まします。この共感と励ましこそが、子どもの次への一歩の力になり、大人にとっても大きな力になるのではないかと思うのです。

⭐2 "わからない辛(つら)さ"が、わかりますか？
―― 5年生・英男君の涙 ――

「おまえはいいよな。宿題をしなくても怒られないんだから」

5年生の英男君は、授業中に表情もなくつまらなそうにただ座っているだけです。

低学年の時に頭の大手術をし、学校も休みがちで勉強には興味を示さず、宿題もしてきませんでした。お母さん・お父さんは「命が助かっただけでいいのです」と、学習の遅れはほとんど気にされていません。英男君は、私が放課後の学習に誘っても、サッと帰ってしまいます。「いまはできなくてもしかたない、意欲が出たら何とかしよう」と思いながら、何の解決策も見つけられないまま、42人の他の子どもたちのことでも忙しく、時間だけが過ぎていきました。

ある日のことです。クラスのリーダー格の直樹君が、英男君の病気のことを承知の上で、あてこするように大声で言いました。

「いいよな、おまえは。宿題やってこなくてもいいんだからな」

一瞬しーんとなった教室。直樹君と同じ思いの子もいたと思いますが、数人の女の子が直樹君に「そんな言い方、ひどいよ」と注意をしました。それを聞いてうつむいた英男君。その姿から私はとっさに思いました。

「特別扱いされている後ろめたさと、特別扱いに対するクラスの冷たい目を感じていたのではないか。でも、本当は『できるようになりたい！』と思っているのではないか」

直樹君の言い方には問題があるものの、英男君だけに授業態度や宿題を事実上免除している担任への不満が見て取れました。直樹君に注意をした後、英男君に向かって私は言いました。

「英男君、本当はさ、勉強したいんだよね。でも、よくわからないから

著者と子どもたち。写真は本文とは関係ありません

やらないんでしょ。だから宿題だってやれないんだよね」
　そう声をかけると、英男君の目から大粒の涙が次々に溢れてきました。涙をこらえながら小さくうなずいた英男君。そうだったのです。英男君はやっぱり「わかりたい。できるようになりたい」と思っていたのです。英男君の目からこぼれる涙に、私も直樹君も教室の子どもたちも彼の抱える辛さや悲しみの深さを知りました。涙をこぼす英男君をじっと見守っている子どもたち。言い放ったことばの重さに気づいた直樹君も下を向いてしまいました。そこで、
　「他の子たちとは違う宿題だけど、先生と一緒にやってみる？」
と提案をしてみました。すると今度は、大きくうなずいたのです。そこで、他の子どもたちには次の提案をしました。
　「みんなにも聞いて欲しいんだけど、いいかな。英男君は、今日からみんなと違う宿題をします。何か意見がある人、いますか？」
　今度は教室の子どもたちが静かにうなずきました。「いいんじゃないの」「がんばれよ！」という声まで出ました。
　これまで何度働きかけても反応しなかった英男君。お母さんも英男君

自身も諦めかけていた学習への意欲は、皮肉にも直樹君の心ない一言が契機となって動き出そうとしていました。毎日わからない授業を6時間もただ座って受け、その上に放課後まで残って勉強するなんて、英男君にしてみれば耐えられないことだったのかもしれません。でも、心の中で本当は「わかりたい！　できるようになりたい！」と願っていたのです。

たいへんだけど、がんばってべんきょうしています

　英男君は、たし算・ひき算もあまり理解していません。でも、1・2年生の復習から始めたのでは、うまくいかないのです。子どもにはその年齢なりのプライドがあるからです。

　英男君には、自分でやりたい学習を選んでもらいました。彼が選んだのは、5年生のみんながいま学習している「小数のかけ算、わり算」に関わる「小数」を復習することでした。英男君が使ったテキストは、『算数計算カルテ小数　3・4・5年での学習』（行田稔彦編・民衆社）です。カードの1枚ごとにテーマがあり、どこから復習したらよいのかを自分で決められるのです。子どもたちにはお勧めなので教室の後ろにずっと置いていたテキストですが、算数の苦手な子はほとんど手を出していませんでした。

　英男君が選んだ3年生の「小数とは何か」のカード（やり方・解説付）を私が簡単に説明し、英男君は家に持ち帰ってノートに問題を解いて来ます。しばらくするとそのノートの端に、時々日記を書くようになりました。今まで≪生活ノート≫（日記）を書いたことがなかった英男君が、算数学習を始めてから"遊んだこと"等を数行書き始め、そのうちに遊んだ事実だけでなく、自分の気持ちも一生懸命に書くようになりました。

がんばりたい	
	英男
ぼくはびょうきをしていてべんきょうがおくれているので、けいさんカルテというのをやっています。やっと1さつがおわりました。（しょうすうカルテ3ねん〜5ねん）です。	

> いま２さつめのぶんすうをはじめました。
> たいへんだけどやんなきゃべんきょうがおいつかないので
> がんばってやっています。これからもがんばっていきたいです。
> いまは、たのしくなってきたのでどんどんつづけたい。

　英男君の日記とがんばりを学級通信で紹介すると、英男君に触発された子が出てきました。

　「ぼくはかけ算できないから、かけ算からやろうかな」とカードを使って勉強する子が出てきたのです。そんな友だちに刺激されて、『算数計算カルテ分数　４・５・６年での学習』（行田稔彦編・民衆社）を始めた子も数人続きました。

　教師がいくら「これは良いから」と思ってカードを紹介して教室に置いても、「できるようになって欲しい」と思って声をかけても、本人たちがその気にならなければ学習はできません。子どもを"その気にさせる"ことが何より重要であり、それが大きな力になることを子どもたちの事実が教えてくれました。

わが子の願いを受け止める

　英男君の影響でやる気を出した友だちを見て、英男君も一層励まされました。日記の表現が少しずつ変わってきたのです。「したこと」ばかりでなく、時々自分の気持ちの変化を見つめるような表現をするようになってきたのです。

> このごろふしぎです。
> なんだかわからないけどふでばこにさわっています。
> べんきょうがおわったのにつくえにあるふでばこにさわっています。
> じぶんのふでばこがなんだかすきです。
> なんでだろう。

英男君のノートに、看護師の仕事で忙しいお母さんが励ましの一筆を書いてくれることもありました。この日は、こう書いてありました。

> 英君、このごろよくがんばっているね。お父さんもお母さんも、英が勉強してがんばっているなあと思っています。　　母より
>
> 先生へ
> 学校から帰るとすぐに遊びに出かけて、帰って来てからもテレビや漫画ばかり見ていた息子が時々筆箱をさわっているのは気がついていました。何だか変わったなあと思っていました。
> 特別宿題をやるようになってから、顔つきがしっかりしてきたように思います。勉強が少しわかるようになってうれしいのですね。これからもよろしくお願いします。

　英男君の算数学習ノートは、卒業間際まで続きました。自分で決めて学び出した英男君の確かな足跡です。前向きな息子の姿を見て、お母さんも励まされていました。
　卒業前の６年生３月、「いのちの学習」で200名近い６年生全員を前に、英男君のお母さんが初めて語ってくれました（英男君のがんばりがお母さんの背中を押したのです）。息子の病気のこと、どんな思いで家族は英男君の病気と向き合ってきたのか、いまの気持ちも含めて。英男君とお母さんのお蔭で、「一人ひとりがかけがえのない命」であり、支えて支えられて生きているという深い学びができました。お母さんの話の後の感想に英男君は、こう書きました。

> かぞくやみんなのおかげでいろいろとできるようになりました。
> きょうのおかあさんのはなしをきいて、おかあさんやおとうさんがこんなにかんがえていたなんてしりませんでした。びょうきはしゅじゅつでなおりました。みんなといっしょにべんきょうできて

> うれしいです。まだできないけどこれからもがんばります。
> 中学校にいってもがんばります。

　英男君は発見しました。クラスの仲間や家族、いろいろな人の支えや励ましの中でいまの自分があること、大変だけどがんばれる自分、「まんざらでもない自分」を発見したのです。

　勉強ができない子に対して、「やる気がないから」「親がよく見てあげないから」しかたない、と子どもや親の責任にしていないでしょうか？　逃げ出すように学校から帰る子どもの気持ちがわかるでしょうか？　大切なのは、「わからない辛さ」を受け止め、「わかるようになりたい。できるようになりたい」という心の声を聞き取り、その子の中にある願いを本人の原動力にすることではないかと思います。
　自分を受け止めてくれる仲間や大人たちの励ましを支えに、子どもたちの声にならなかった願いや思いは形となっていきます。それは子どもが自らの力で大きく一歩を踏み出すことができるようになるということでした。この一歩こそが「自分もまんざらではない」という「自己肯定感」──ダメなところもあるけれど、それでもがんばっている自分でいいという「自己肯定感」に、つながっていくのではないでしょうか。

★3 "良い子の辛さ"が、わかりますか？

「良い子」の異変

　経済的・養育上の困難を抱えた子の問題と共に、経済的に恵まれた「何でもできる優秀な？子どもたち」の問題も少なくないと感じています。
　2014年7月、佐世保市で女子高生が友人の少女に殺害される事件が発生しました。加害者の少女は、裕福な家庭に育ち、学業もスポーツも芸術でも賞をとる子でした。いま、こうした小さい時から「良い子」「優秀な子」であることを期待され、勝ち抜き、がんばり続けてきた子どもたち

が心の内に抱えている問題を考えなくてはなりません。

　また、2011年12月14日に放送されたNHK・クローズアップ現代「やさしい虐待～良い子の異変の陰で～」に見るように、「やさしい虐待」に悩む親たちの問題も合わせて考えなければならないでしょう。

1年生の1学期に通知表を改ざんした「良い子」

　3年生で担任したさやかさん。学校の成績は良く、スポーツでも芸術でも良い賞をとり、クラスのリーダーとしてもがんばっている子です。職員室で彼女のことを知らない先生はいませんでした。別の意味で……。

　さやかさんは、1年生の1学期に自分の通知表の「△」を自分で「○」に書き直したことがありました（他の1年生の改ざん事件は36ページにも紹介）。さらに、市の展覧会に自分の作品が出品されない理由について、「校長先生と教頭先生のせいだ」とお母さんに伝えていたのです。お母さんはそのたびに、

　「なぜ、うちの子にこんな汚い通知表を持たせるのか」「なぜ、うちの子の作品を管理職が邪魔して出品してくれなかったのか」
と、担任の先生に訴えに来ました。だから、さやかさんのことを職員全員が知っていたのです。

　2年生の時は、テストを採点した後、自分の誤答を消して正解を書いて「先生、これ採点が間違っています」と、わざわざ持って来たことがありました。ほとんどのテストが満点のさやかさん。満点でなかったテストの答えを書き換え、「先生の採点ミス」のせいにしたのです。それ以来、担任の先生はさやかさんのテストをコピーするようになりました。採点した時のテストと、後で持って来た時のテストを照合する必要があったのです。

　そんなさやかさんが2年生の時、「トイレットペーパー事件」が起きました。2年生の女子トイレに大量にトイレットペーパーが詰め込まれ、トイレが使えなくなったのです。それも数回にもわたって。事件は未解決のまま子どもたちは3年生になり、さやかさんの担任は私になりました。2

年生の担任からの申し送り情報では「トイレットペーパーを詰め込んだのは、さやかさんかもしれない」とありましたが、確かではありません。

　4月、私を含めた3人の3年生担任は、「トイレットペーパー事件」についてきちんと子どもたちに話すことにしていました。「トイレに物を詰める」という子どものサインは何なのかが、私たちの心に引っかかっていたからです。
　始業式の日、3年生に進級した子どもたちを前にして、言いました。
　「みなさんにお願いがあります。2年生の時にトイレにペーパーを詰める人がいて、大変困りました。水が流れなくなって、修理に来てもらったのですよ。この3年生の中に、もし詰めた人がいたら、もう3年生なのだからやめてくださいね。お願いします」
　ほとんどの子どもたちが緊張した面持ちでしっかり聞いていたものの、ただ一人窓の外に目を向けている子がいます。さやかさんです。そっぽを向いていましたが、耳はちゃんと聞いているのがわかります。彼女の胸の内がとても気になりました。

3年生・さやかさんの"告白"

　ところが5月のある日のこと、ひょんなことから「トイレットペーパー事件」は解決しました。さやかさんが打ち明けてくれたのです。
　放課後の教室で丸つけをしていた私の机のそばにさやかさんがやって来て、おしゃべりを始めました。私はさりげなく、言いました。
　「ねえ、お願いだからさぁ、トイレにペーパーを詰めるのは止めて」
　すると……、
　「はーい」と、さやかさんがあっさりと返事をしたのです。告白してくれた背景は何だったのでしょう？
　教室にいたのが担任の私と2人きりだったので言いやすかったのかもしれません。3年生になってから、意識してさやかさんに声をかけていたのが良かったのかもしれません。授業でクラスの友だちとお互いに意見を言

い合ったり、≪朝の発表≫（141ページに詳しく紹介しています）で自分の思いを自由に語ることを続けていたので、安心していたのかもしれません。また、お母さんが担任を信頼して何でも話してくれていたのがよかったのかもしれません。

　私は話を切り出しておきながら、彼女の口からこぼれた「はーい」に、ビックリしてしまいました。丸つけの手を止め、さやかさんの目を見ながら聞きました。

　「えっ？　あなただったの？」

　さやかさんは微かに首を縦に振っています。

　「いまならきちんと話ができる！」

　私は確信し、話し始めました。

　「そうか。そうだったんだ。正直に教えてくれてありがとう。トイレが故障するから、もう絶対にしないって、約束してくれる？」

　また「うん」と言いましたが、不安そうな顔です。お母さんに知られるのがきっと嫌なのだろうと思ったので、

　「大丈夫。このことはお母さんには言わないからね。2人だけの秘密。でも約束だよ。もう絶対にしないでね」

と言って、指切りしました。「秘密」に安心したのか、さやかさんのとりとめのないおしゃべりは続きました。おうちのことや、ママのこと、友だちとのことも……。

　その時わかったことですが、何でも「よくできる良い子」のさやかさんは、親に「褒められたい」「認めてもらいたい」だけでなく、遠く離れているおばあちゃんたちからも褒められたかったのです。おばあちゃんたちからは、学期末になると「成績はどうだったの？」と必ず点検？の電話が入るそうです。成績優秀だったお父さんを育てたおばあちゃんは、孫のさやかさんの成績も心配だったのでしょうが、お母さんにとってみると、姑からの点検は「とても嫌だった」と後になって打ち明けてくれました。

　さやかさんが心のしばりを解いて語れるようになったのは、教室で≪朝

の発表》や《日記や作文の読み合い》をし、授業ではみんなで「ああでもない、こうでもない」と討論できたことが大きかったのではないかと思います。教室では、学習が苦手な子も先取り学習を済ませている子も、上手にしゃべれない子も得意気に語れる子も、どの子もみんなが安心して自由に話したり、聞いたり・質問したりする対等な関係が作られてきていたのです。その中で、さやかさんは自分で作っていた「良い子」を自分で崩し始めていました（子どもは、自らの力で自らを変えていくのです）。

1年生・ひかりさんの"プリントすり替え事件" ── その心は…… ──

さやかさんのように1年生の子どもが通知表の改ざん？──そんなことはありえない、と思っていたのですが……。私が担任した1年生でも同じような「プリントすり替え事件」がありました。入学したばかりの4月、1人の男の子が私のところに来ました。

「先生、いま配ってもらったこのプリントはぼくのじゃないの……」

ボソボソ言いながら持って来た文字学習のプリントを見ると、名前はちゃんと「はるき」と書かれています。でも、よく見ると「ひかり」という名前が消してあるのがわかります。はるき君のプリントは「ひかりさんが持っている」と言うはるき君。ひかりさんのプリントを見てみると、確かに「はるき」の文字が消された上に「ひかり」と書かれています。ひかりさんに事情を聞くと、「私、知らない！」と硬い表情で答えます。

はるき君が持っているプリント（ひかりさんの名前が消されて「はるき」と書かれたもの）は、「あ」の文字の最後の「はらい」の部分を赤ペンで直してありました。一方、ひかりさんが持っているプリント（はるき君の名前が消されて「ひかり」と書かれたもの）は、赤い"花マル"がついています。もしかすると、赤ペンが嫌ですり替えてしまったのかも知れません。心配になってみんなに聞いてみました。

「赤いペンで直されるのが嫌な人？」。手を挙げた数人の中にひかりさんもいました。

著者と子どもたち。写真は本文とは関係ありません

　「そうか、嫌な人もいるんだね。でも、まだ学校で字を習ったばかりなのだから、上手に書けないのは当たり前だよ。大丈夫！　ちゃんと上手に書けるようになるよ。みんなが字を正しくきれいに書けるように、先生もがんばって教えるよ」
と言ってひかりさんを見ると、下を向いています。幼稚園時代は何でも先頭に立って先生の助手のように振る舞っていた「良い子」のひかりさん。先生からもおうちの人たちからも褒められるのが当たり前だったのでしょう。「赤ペンで直されたプリントなんて持ち帰れない」――そんな気持ちになっていたのです。初めは「私、何も知らない」と言い張っていたひかりさんは、しばらくすると、「ちょっとだけ消した」とぽろぽろと涙をこぼしながら話してくれました。
　「赤いので直されたプリントを持って帰るとね。おばあちゃんにママが叱られるの」
　よく聞いてみると、同居しているおばあちゃん（姑）から母親が叱られるというのです。母親が叱られる原因が自分にあると感じているひかりさ

んは、赤ペンの入ったプリントを持って帰れず、友だちのものと替えてしまったのです。ひかりさんの「良い子」でいる辛さの背景には、お母さんの「良い親」でいる辛さもあったのです。

「わかった。先生がちゃんとお母さんにもおばあちゃんにも話してあげるから、大丈夫だよ」
と伝えましたが、嘘をついてでも「良く見られたい」子どもたちの気持ちに気が重くなりました。

世代を越えた"競争の価値観"の問題

同じような話を、福島県の中山間部で1年生を教えていた佐藤方信先生から聞きました。

たった6人の1年生です。ゆっくり丁寧に教えようと、一人ひとりのプリントをじっくり見て「赤ペン」を入れて返したところ、それがもとで嫁姑の喧嘩になってしまい、子どもが「辛い思いをした」というのです。教師は、子どものために「よかれ」と思って「赤ペン」を入れていますが、その意図を家庭にも十分に伝えなくてはならないようです。

親たちや子どもたちとも、考え合っていかなければなりません。「どうして赤ペンを入れるのか」、「間違えは恥ずかしいことではなく、できるだけ間違えない方が良いということでもない」、「誰でも失敗や間違いがあるのは当たり前で、それを『宝』にしていくことが大切」等を。

国立大学の教員養成課程で学ぶ大学生に、さやかさんやひかりさんの話をしてみました。すると、「自分も同じように『採点ミスです』と偽って、採点を直してもらったことがある」という学生が数人いました。「何でも良くできると言われ続けてきたプレッシャーをいまも抱えている」「親に良く見られたいという思いでがんばってきた」、「良い子の辛さがわかる」「数字は私を示すツールだった」等々次々に出てきます。教師を目指す学生たちの中に、同じ「良い子の辛さ」を抱えた人が多いことについて、深く考えさせられました。

「早く・効率よく・正確に」という"競争の価値観"は、世代を超えた問

題です。子どもたちは、様々な「競争」で追い立てられるように生活しながら、心の中に「辛さ」を持ち、傷ついていました。この「辛さ」にしっかりと耳を傾けてみると、日本の子どもたちの"自己肯定感の低さ"が浮かび上がってきます。社会全体を覆うこの価値観の問題は、まさに"大人の問題"ではないかと思うのです。

❹ 子どものとらえ方、"子ども観"を育てる
――教育実習生と考える――

　子どもたちの様々な"問題行動"や「どうせ、ぼくなんて」という子どもたちの「あきらめ」に出会った時、私たちはどうすればいいのでしょう？
　子どもを丸ごと受け止めて共感すること。表面には表れない子どもの心の声（本当の願い・思い）に耳を傾けること。同時に、子ども自身の中にある自らの殻を打ち破る「内なる力」を限りなく信頼することではないかと思います。何よりも社会全体に流れる"競争の価値観"から"共生の価値観"への転換ではないでしょうか。
　そうした「子ども観」はどうすれば培（つちか）うことができるか、一緒に考えたいと思います。

深い"子ども理解"って、何だろう？

　私が勤務する大学では、教育実習後に「教育実習事後報告レポート」（授業・子ども理解・教職員とのコミュニケーション・生活面・その他の柱で、A４判６ページ以上のレポート）提出が義務づけられています。
　授業準備や授業での子どもとのやり取りについては、多くの学生が事実に即して比較的うまくまとめています。しかし、日常の子どもの言動をとらえ、子どもの事実やその変化に目を向けてレポートを書いている実習生は少なく、"子ども理解"の難しさが見て取れます。「毎日、休み時間目いっぱい遊んでいたので、子どもたちともいろいろと話すことができた」「給食や清掃の時間にもいろいろ話し、家族のことや好きなテレビ番組の

こと等もわかった」……これが"子ども理解"ができたことだと思っているようです。

　家族や好きな番組までわかったら十分――確かにそれも、"子ども理解"には違いありません。しかし、それは入口に過ぎないのです。子どもの事実から、「なぜ、こんなことを言うのか。どうして、こんな行動をとるのか」「何も語らない目は、何を訴えているのか」という、子どもの立場に立って考えられる"子ども観"を教育実習でも学んで欲しいと思います。

　初めて子どもたちの前に立ち、わずか4週間しかない教育実習という事情はあります。子どもと一緒になって遊ぶことも大事です。それが若さの特権で、体ごとぶつかり合って遊ぶ関係ができると子どもたちも安心しておしゃべりをするようになります。その中で、一人ひとりの友だち関係や家庭のこと、学習理解の状況などを把握することも大切です。

　しかし、子どもをどう見るのか、どうとらえるのかという"子ども観"は、いつも問われます。教育実習では、そういう"子どもの見方の指導"が大事なのですが、現場で実習生を指導する先生たちも多忙で、豊かな経験知での指導が十分できていない現実があります。

"子ども理解"について学生たちが討論

　日記指導を毎日丁寧にされている先生のもとで実習したある学生は、自分のことを次のようにレポートしました。

> （…前略…）私は毎朝、挨拶運動があったので通学路に立ち、登校してくる子どもたちに「おはようございます」と挨拶していました。その時、一緒に立って挨拶していた年配の指導員の方と一緒でした。しばらくすると子どもたちの挨拶が、私にするのとその指導員さんへとでは違うことに気がつきました。
> 　声の大きさもそうですが、私には顔を向けてくれないことが多いのですが、指導員さんにはちゃんと顔を見て挨拶するのです。
> 　なにが違うのだろうと思いながら、ある朝指導員さんに聞いて

> みました。すると、指導員さんは「子どもたちの顔色や表情の違いを毎日見ている。その変化を見つけて挨拶の声をかけている」と言いました。私はその時、ハッとしました。
> 自分の挨拶は、とにかく立ってただ挨拶のことばを言っていただけだったのです。「おはよう」を言えばいいと考えていたことがそもそも間違っているのだと気がついたのです。挨拶はこちらがただ「おはようございます」を言うのではなく、相手がいまどんな心の状態なのか、出て来る時に何かあったのかを声の調子や顔色で判断して挨拶を交わすことなのだと教えられました。
> その後、残りは1週間でしたが、子どもたちの顔を見ながら挨拶をするようにしたのです。(…後略…)

 このレポートを使って、学生たちと「子どもを理解するとは、どういう視点を持つことが大切なのか」を考え合いました。
 「指導員さんと自分の違いに気がついたことがまず大切なことだ」という評論家的な意見。「自分は授業をするだけで精一杯で、自分のレポートでは子どものとらえ方が表面的だった」「子どものことをわかろうとすると、いっぱい話して信頼してもらおうとするけど、信頼って相手の立場に立つことなのかな」等の意見が出ました。そして討論の中で、学生たちの意見に変化が現れました。
 「自分の物差しで測り、教師の思い通りにしようとしていると、子どもの姿や子どもの本音は見えないのでは？」「喧嘩の仲裁でも何でも、教師が中心になって両方の言い分を聞いてやっていたけど、子どもって自分たちで解決できることもいっぱいある気がする。自分たちが子どものころってそうだった」
 さらに、こんな意見も出されました。
 「自分が子どものころのことを思い出すと、先生の言うことって『うーん……ちょっと違うんだけど……』って思うことがいっぱいあった。子どもの目線でと言うか、子どもの気持ちになってみると、挨拶だってそんな

に元気に言えない時だっていっぱいある。そういうことを理解することが大切なのかもしれない」「指導員さんは地域の人だから、いろいろな事情もわかっているかも知れない」

　一人の学生の実習レポートをみんなで考え合うことで、教師の目線で理解しようとするのではなく、子どもの立場に立ってその思いを汲み取ろうとする姿勢や共感の大切さが、少し見えてきました。

　太田堯氏は、「『education』を日本語にした時に、『教育』としたことが問題である」と指摘しています。さらに「本来、教育というものは、一人ひとりの『持ち味を引き出す』ということを助ける目的があるのです。教育はeducationの訳語で、語源は「引き出す」というラテン語の語幹からきているといわれ、絶対王政を廃して市民革命が行われた後に、欧米で一般に普及したことばです」(『『はらぺこあおむし』と学習権』21頁、太田堯著・一ツ橋書房)とも指摘しています。

　教師は、どうしても「教える」「〇〇させたい」という思いが強くなりがちです。初めて教壇に立つ教育実習生に「良く教えたい」があったり、子どもの「持ち味を引き出す」発想になれないのもしかたがありません。実習での経験を「実践記録」のレポートとしてもう一度自分なりに整理する、それをもとに活発に討論・検討することで、"子どもの見方やとらえ方"が育つのではないかと思います。"子ども理解"の中心的な課題である「発達主体は、子ども自身であること」の発見や、子どもの生活や社会的な背景をつかむことの重要性の理解は、事実にもとづいた"実習のレポートと討論"がカギではないかと思います。「実践記録を書く」ことで教師は育ちます。教育実習生であっても「実践記録」を書いて綴ることが大切なのではないかと思っています。

5 子どものとらえ方、"子ども観"を育てる
―― 新米先生の成長とその後 ――

「どうしたらいいかわかりません……」―― 新米先生の涙 ――

　初めてクラスを担任した新任教員たちも、実習生と同様に"子ども理解"の大切さを言います。

　新米先生は、「クラスをまとめよう」「先生の指示や言うことを聞く子に」「周りの先生や管理職から注意されないようにしたい」とがんばっています。でも、たくさんの事務処理や行事に追われ、慣れない授業の準備にも時間がかかり、思うようにならない子どもたちに悩むことも多くなります。経験も余裕もない中で、すぐにおしゃべりする子・授業中に席を立つ子・友だちとトラブルの多い子等、表面に見える言動を何とかしようとすることが多くなってしまうものです。大勢の子どもたちを相手にすることさえ初めてなのですから。

　学級担任も１年生も初めての若い女の先生と一緒に１年生を担任したある日、その先生が職員室で涙ながらに訴えて来ました。

　「みんなのアサガオの芽を引っこ抜いたのは、まさお君でした。どうし

第1章 "子どものリアル"が見えますか？

たらいいでしょう。注意したら『うるせえ』って、言うことを聞かないし、他の子にも毎日暴力を振るうし……」

　まさお君は、お父さんとおばあちゃんと3人暮らし。お父さんと過ごせるのは、学童保育所へのお迎えの時とお父さんのお店が休みの時だけです。お父さんは夜間の仕事で忙しい中でも、持ち物の準備等の面倒もよく見てくれていました。学校でのまさお君の表情が少ないことや、何でも力ずくで解決しようとしてトラブルが絶えないことを伝えてはいましたが、お父さんも困っていました。

　ある日の放課後、偶然まさお君を見かけました。学童保育所の帰りにお父さんの自転車の後ろに乗って、楽しそうにおしゃべりしているのです。学校では見たことがない笑顔です。あんなにかわいい笑顔なのに、なぜ学校では表情がないのでしょう。友だちとのトラブルが多く、落ち着いて席に着いていられないのは、なぜなのでしょう。

　泣いていた若い先生は、まさお君を筆頭に何人もの子どもたちが授業中も落ち着かず、トラブルが多い教室で、困り果てていました。隣の教室にいる私の耳にも先生が叱る大きな声がしょっちゅう聞こえていたので、心配していた矢先に起きたのが「アサガオ事件」です（入学間もない5月、子どもたちのアサガオが全部引き抜かれました）。

　1年生は、20代前半で経験も浅い先生3人と私の4人で組んでいました。どのクラスでもいろいろな問題があり、毎日のように通信を書いたり授業のプリントを作りながら、クラスの子どもたちのことや、まさお君のことを話し合っていました。そこで若い先生たちに提案をしました。

　「いつもポケットに手帳を入れて、子どものつぶやきを書き留めてみると面白いよ」

　≪ポケット手帳≫の勧めです。私自身、これまで何度も1年生のつぶやきのかわいらしさと面白さに励まされてきた経験があるのです。また子どものつぶやきを学級通信に載せると、お母さん・お父さんたちも心和み、子どもへの愛しさを再発見することにもなり、寄せられたお便りは、"子どもの見方"を親たちと考え合う機会にもなったのです。

≪ポケット手帳≫が新米先生を励ます

「今日はとってもかわいかったんですよ。給食の時にね、『あたりだぁ!』と子どもたちが騒ぐので、何のことだろうと思って見ると、ふりかけの袋の裏の『2.5ｇあたり11キロカロリー』という表示だったの。思わず笑っちゃったんだけど、『これは、あたり・はずれのあたりじゃないよ』と言うと、子どもたちはがっかりしていたんですよ」

まさお君の担任の先生が≪ポケット手帳≫の報告を、楽しそうに話してくれました。

次の日も、また笑いながらこんな話をしてくれました。

「今日も笑っちゃいました。『大事な手紙を配ったからよく見てね。じゃ、次は後ろを見てください』と言ったら、全員本当に後ろのロッカーの方を向いちゃったんです。私はプリントの裏のつもりで言ったのですけどね」

すると、他の先生も次々に話し出しました。

「今日の時間割には国語が2回書かれているのに、教科書は1冊しかないよ〜」とベソをかいていた子どもの話。粘土板を下敷きと間違えて「ランドセルに入らないよ!」と騒いでいた子どもの話等々……。そんな子どもの話をしているうちに、先生たちの表情も変わってきました。

手帳を片手に子どもたちのつぶやきを書き留めることは、子どもたち一人ひとりの声が聴けることです。教師の子どもたちへの眼差しが変わっていったのです。クラス全体をまとめて見るのではなく、それぞれの子どもの思いや願い、子どもたちの生活に教師自身が思いをはせ、子どもを丸ごと見ること、子どもの立場になってみることにつながっていったのです。

≪ポケット手帳≫は、教師の子どもへの向き合い方を前向きにしました。まさお君の担任は、まさお君の親や学童保育所の先生と交換ノートを始めることにしたのです。1年生担任全員で話し合い、まさお君を真ん中に学校と学童保育所と家庭がつながろうと考えたのです。管理職から「三者がつながる必要はないのではないか」と言われても、「子どもがそれぞれの場で見せる顔が違うけれど、どれもまさお君の姿です。共有することで子どもの見方を深めることが大切ではないか」と粘り強く提案し、つ

いに実現したのです。

　子どもへの向き合い方の変化は、教師の放課後をも変えました。データ処理や事務処理よりも、授業での子どもたちの話や次の日の授業をどうするのかが優先されるようになったのです。時間外まで仕事をすることは、決していいことではありません。しかし、何度も１年生を担任したことがある私にとっても、若い人たちと共に子どもたちの話や授業の教材研究を一緒にするこの時間は、楽しくまた多くを学ぶひと時になったのです。

「ぼくが悪いことをしたら、優しく怒ってください」
──２年生・まさお君──

　まさお君は２年生になり、私のクラスになりました。他に、発達障害を抱えている子、親に疎（うと）まれている子、自己否定感が異常に強い子、緘黙（かんもく）の子等、困難や課題を抱えている子どもたちが何人もいるクラスです。

　始業式の日、呼名をしてもまさお君は机の下に潜り込んでそっぽを向いています。何度か呼びましたが、返事は返ってきません。女の子たち数人が泣きながら訴えて来ました。

　「先生、まさおって超ヤバイから気をつけて。すごい乱暴ばっかりするんだよ」「まさおと一緒のクラスは嫌だ。保育所ではいつも暴れていたんだよ」

この日、「『恵津子先生へのお願い』を書いてくる」ことを宿題にしました。1年生の時に私のクラスだった子も違う子もいます。関係づくりの始めとして、子どもたちの本音を聞きたかったのです。次の日、子どもたちが書いてきたお願いは、「宿題少なくしてください」「給食多くしてください」「楽しい勉強してください」「遊んでください」等です。でも、まさおくんは違いました。たどたどしい文字で、

> ぼくがわるいことお（を）したら、
> やさしくおこて（おこって）ください

と書いていたのです。まさお君は、自分がしていることがみんなに迷惑をかけている「わるいこと」だと、ちゃんと感じて理解していたのでした。「わかっちゃいるけど……」がまさお君の本当のところだったのです。
　これから一緒に生活していく大切な仲間であるまさお君。1年生の時のまさお君の言動は、教師にとっては理解できる部分があったとしても、子どもたちにとっては簡単に受け入れられるものではありませんでした。2人の女の子が初日に泣きながら訴えて来ましたが、まさお君を排除するのではなく、クラスの大切な仲間の一人として関係をつくって欲しいと願いました。そのためにも、「彼の本当の気持ちを理解してもらいたい。担任の私の思いをまさお君とクラスの子どもたちにしっかり伝えたい」と思いました。
　そこで、一人ひとりの「お願い」を読みながら返事を言うことにしました。まさお君のは、ひときわ大きな声で読み上げました。
　「まさお君は『やさしくおこってください』と書いていますが、私は優しくなんか怒りません」
とちょっと怖い顔をして言うと、一瞬子どもたちはどよめきました。しかし、続けて
　「だから私は、まさお君の良いところをたくさん見つけて、たくさん褒めたいと思います」

第1章 "子どものリアル"が見えますか？

と言ったのです。まさお君の表情が少し動いた気がしたものの、後ろを向いてしまってわかりません。でも、教室の子どもたちはホッとした表情でした。次の日も机の下に潜りましたが、名前を呼ぶと、「ほー」というまさお君の声が返ってきました。「つながれる。これなら何とかなる」と私は確信したのです。

「おまえ、オレと遊びたいのか？」

授業中に立ち歩くことは少なくなっていたまさお君でしたが、ある日の帰りの会で祥君から訴えがありました。

「みなさん聞いてください。まさお君はいつも授業中にぼくのものを取ったり、たたいたりして『となりのせきのますだくん』（武田美穂作・ポプラ社）みたいなんです。どうしたらいいですか」

他の子たちも続きます。「何でそんなことするんだよ。嫌なことをするのはやめたほうがいいよ」「まさおは、授業中に私の背中を突っつくからやめて欲しい」「この間、机の脇にまさお君が足を出して突っかかりそうになった」「祥ちゃんは、まさお君に何かしたのですか？ 何もされてないなら、やめた方がいいよ」……。

聞いていたまさお君の「ふてくされ顔」がだんだん歪（ゆが）んで「怒り顔」になり始め、担任としての意見を言おうとした時です。突然、ひろむ君が言いました。

「あのさ、まさおは、本当は祥ちゃんと遊びたいんじゃないの？」

まさお君の気持ちを代弁したひろむ君の助言でした。

「じゃあ、ちゃんと口で言いなよ。『仲間に入れて』って。ものを取ったりしないで」

そう言われたまさお君はそっぽを向いてしまいましたが、これは了解のサインです。そして、コクリとうなずいたのです。クラスの仲間のことばや助言は、スッとまさお君の心に届いたのでした。

それから、1週間ほど経ったある日のこと。まさお君が苦しそうに股間（こかん）

を抑えてヨタヨタと歩いてきました。

「あいつがオレのここを蹴ったあ……。痛てえ」。話すことばもとぎれとぎれです。

「でも、オレ、あいつのことぶたなかったよ。言ってやったんだ。『おまえ、オレと遊びてえのか？』って」

蹴られたのにやり返さなかった、この前のひろむ君の忠告をちゃんと受け止めていたのです。

「そうか！えらい！　乱暴しなかったんだぁ！」
と言って思わずまさお君を抱きしめてしまいました。照れくさそうにしていたまさお君の肩に手を置きながら、教室中の子どもたちに聞こえるように大きな声で言いました。

「みんな聞いて！　まさお君がね、光君に蹴られたのに乱暴しないで、ひろむ君に言われた通りに『本当は遊びたいんだろう？』って聞いたんだって！」

教室で思い思いに遊んでいた子どもたちも、まさお君に駆け寄って話しかけています。

「すごいじゃん。キュウショは大丈夫か？」「何で蹴られた？」

まさお君を蹴った光君は、自己否定感の強い子です。いつもは何でも人のせいにして泣きわめく光君ですが、この時は教室の隅で唇をかみしめて、泣かないでじっと成り行きを見ていました。

乱暴をしなかったまさお君、そして泣かなかった光君。2人

の変化は、クラスの仲間に支えられて起きた変化でした。困ったことを担任に告げ口して解決を求めるのではなく、帰りの会でみんなに訴えた祥君。まさお君の気持ちを汲んだひろむ君の助言は、まさお君にしっかり届きました。担任が仲裁に入って裁定するのではなく、子どもは子ども同士の仲間の中でこそ育つことを教えられました。まるごとの自分を出せる安心の居場所が、子どもたち一人ひとりにとって何よりも重要なのです。

子どもの"キラリ変化"を見つける目を養う

　子どもたちの願いや思いは、決してまっすぐには出てきません。屈折した表現（言動）の中にある事実をつなぎ合わせて見ていくと、子どもたちの願いや要求が見え、子どもの"キラリ変化"（多くの事象の中でキラリと光を出す子どもの変化・成長の芽）を見つけることができます。障がい児教育の優れた実践研究者である竹沢清氏は、この**「"キラリ変化"を見つけることが、教育実践者としての一歩」**であると述べています。

　"受け止める"ことと「受け入れる」ことの違いも考えたいものです。"受け止める"ことは、子どもたちの言動とその事実の中にある願いを聴き取りながら、子どもの本音を見つめ、人間として成長する「手立て」を共に探ることではないかと思います。それは同時に、子ども自身の中にある自らの殻を打ち破る「内なる力」への限りない信頼でもあるのです。

　「子どもは、ランドセルに思いや願い・生活を詰め込んで来る」——学生時代に学んだ神戸大学の小川太郎先生のことばです。一人ひとりの子どもたちは、大人社会の問題をも抱えて登校して来ます。社会的な視野で子どもたちを深く理解する、家庭や地域等の社会的な背景をしっかりつかむことが何よりも大切です。その上で、子どもたちの様々な事実の奥にある子どもたちの願いや要求を子どもに寄り添いながら聴き取り、人間的な成長への手立てを共に考えていくことが、教師に求められている深い"子ども理解"ではないかと思います。そして、その手立ても"子どもから出発する"のです。

「見えないものを見ようと努力する」教師に

宮本輝の『三十光年の星たち　上』（新潮文庫）に、こんなくだりがありました。

> まず現場に出て、目で見て、匂いを嗅いで、舐めて触って調べろ！現代人には二つのタイプがある。見えるものしか見ない者と見えないものを見ようと努力するタイプだ。きみは後者だ。現場が発しているかすかな情報から見えない全体を読み取りなさい。

これは、宮脇昭氏（横浜国立大学名誉教授）が実際に言われたことだったようですが、「見えないものを見ようと努力するタイプ」ということばは、まさに教師や親たちに求められていることではないでしょうか。子どもたち一人ひとりへの"深い理解"は、"見ようと努力する"ことに支えられるのではないかと思います。

教育の仕事は、「コミュニケーション労働」です。福祉や医療と同じで、相手があって初めて成り立つこの仕事は、相手の思いや願いを聴き取ることなしには成り立ちません。子どもたちの表面に見える「問題行動」——その解決の糸口は、どこか他のところに存在するのではなく、子どもたちのまるごとの現実の中にあるのです。その現実は、社会的な背景まで見ようとしないと見えてこないのです。

いまを精一杯生きている子どもたちに伴走する教師の仕事は、子どもの「内なる力」への限りない信頼と「見えないものを見ようと努力する」深い眼差しから始まるのではないでしょうか。それは、「"熱い胸"と"冷たい頭"を持て！」と大学の恩師・清水寛先生から未来の教師である私たちに向けられた、はなむけのことばに他なりませんでした。

> 第1章 "子どものリアル"が見えますか？

② 大人の「価値観」こそ問われている

★ 子どもへの眼差し・価値観は……

　学校の「通知表（の評定）が良かったら○○を買ってもらえる」「マラソン大会で○位になったら、ご褒美（ほうび）をもらえる」という話を、子どもたちからたくさん聞かされました。子どもが生まれた時の新鮮な喜び——赤ちゃんが寝返りをうった、ハイハイした、立っちした、歩いた……一つひとつの出来事が大きな喜びだったのに、いつしか変わってしまい、良い「結果」だけを求めていないでしょうか？　一緒に考えてみましょう。

ごみ箱に捨てられたテスト——3年生・良美さん——

　3年生の教室で、わり算の手作りテストを返却していた時のこと。良美さんが、テストプリントを受け取ると、サッと顔色を変えてごみ箱に向かい、クシャクシャに丸めて捨ててしまったことがありました。驚いた私は、「どうしたの？」と尋ねました。
　「こんなの持って帰ったら、うちのオニババに何を言われるかわからない……」
と、良美さん。
　「えっ！　あなたのお母さんオニババなの？」と冗談で聞き返すと、良美さんは下を向いてムスッとしながら言うのです。
　「100点じゃないといろいろ言われる」
　私たちの会話を聞いていた数人の子どもたちも、口々に言い出しました。
　「100点取るとね、『何人だったの？』って聞くんだ。たくさんいるとね、『あっ、そう』なんだけどね。人数が少ないとうちのママは褒（ほ）めてくれるんだよ」「うちも同じ！」「そうだよ！　同じだよ！」……うなずいている子も少なくありません。子どもたちがテストの点数に異常に神経をとがらせているのがわかりました（私立中学を目指して塾通いしている子が数人いる3年

生の教室です)。

お母さんを取り換えてよ！

みんなの話をよそに、テストを丁寧にたたんでしまっていたのは、圭君です。良美さんと同じ80点ですが、圭君はにこにこして言います。

「これね。ママに見せるんだ。ママは、何点取っても怒らないよ。この前も、『授業でがんばったんだね。宿題もちゃんと一人でやるようになってすごいね』って言ったよ」

すると、清二君が「圭のママはいいなあ。オレんちの母さんと取り換えてよ」と言い、みんなで大笑いしました。

次の日、圭君のお母さんから届いた手紙を見て、私は納得しました。

> ……2年生までの圭のテストはいつもくしゃくしゃでした。きれいにたたんであるテストを見たのは3年生になって初めてです。よほどうれしかったのでしょうね。この間、わり算の授業でがんばって発言したこと、みんなから「圭君のおかげでわかった」なんて感想も書いてもらったことが励みになったのだと思います。「まめた」*に載った時は、家族みんなに自慢げに見せてくれました。……
> 　　　　　　　　　　　　　　　　＊学級通信文集のこと

子どもが持ち帰ったテスト用紙の状態で子どもの気持ちを見るなんて、そう簡単にできることではありません。子どもの気持ちをまるごと正面から受け止めるお母さんが、圭君を支えていたのです。

懇談会で考え合う

数日後の懇談会で、子どもたちのテスト結果への反応について話題にしました。多くの親たちから、「子どもには、『がんばって欲しい、結果も出して欲しい』と思っている」と発言がありました。圭君のお母さんの「うちの子は、お勉強がからきしダメ。でも、がんばってできたみたいで、私

がうれしかったんですよ。何点取ろうが人間、大したことありません」ということばに、他のお母さんたちは黙ってうなずいて聞いていました。良美さんのお母さんは、ポツリとこんなことを語っていました。

「私は子どもに100点じゃなきゃダメって言ったことはありませんが、いつも良くできて欲しいとどこかで思っています。それがきっとことばの端々や態度に出ているのでしょうかね」

結果にこだわる子どもたちの姿は、大人たちの価値観や眼差しが大きく影響しているようでした。大人たちがどんな価値観を持って日々子どもと接するのかが、問われています。どうすればいいのでしょう？　学校でできること——それは子どもの事実（発言・行動・良かったこと・トラブル等）を通して、子どもに関わる大人たちみんなで考え合っていくことではないかと思っています。わが子を含む子どもたちの表面には表れない子どもの願い・思いを汲むことの大切さ、どこの家庭でも同じように苦労をし悩んでいることを知る、そのことが私たち大人の価値観に与える影響は大きいと思います。

●世界から日本の子どもを見ると……

「日本の子どもたちは、spoon-fed だ」

カナダ人の大学教員から「日本の子どもたちは、spoon-fedだ」と言われたことがありました。spoon-fedとは、スプーンで食べさせてもらっていることで、「過保護」という意味もあります。「自主的な判断・行動のできない子ども、納得しないまま一方的に教え込まれた子どもが、日本の子どもたちだ」というのです。全く同感でした。

日本の学校全体に、「できるだけ間違いや失敗をさせず、成功させる・正解に導く」という考え方が大きく広がっていることは事実です。家庭でも、「失敗したらかわいそう」と親が先回りして「転ばぬ先の杖」を突いてあげることは珍しくないでしょう。それが果たして子どもの成長にとって本当に良いことなのか、真剣に問い直す時期に来ていると思います。

孤独で友人関係に悩む日本の子ども

ユニセフが経済先進国（全てOECD加盟国）の子どもや若者の「幸福度」調査結果を発表しました（2007年2月）。研究報告書『Child Poverty in Perspective: An Overview of Child Well-being in Rich Countries』によると、「孤独を感じる」（I feel lonely）と答えた日本の15歳の割合は、OECD加盟25か国の中で29.8％とずば抜けて高かったのです。

もう一つの注目すべきデータは、埼玉県が15歳から24歳までの1200人を対象に実施した「青少年の意識と行動調査」（2011年）です。これによると学校に通う目的について75.6％が「友人や仲間を得るため」と回答しました（2008年調査時より5ポイントも上昇）。「社会に出て必要な基礎知識を学ぶため」が61.1％であることと比べるとかなり高い比率です。

学校教育の中での子どもたちの関心事の一つは、「友だちや仲間」です。ところが、友だちを求めながらも「困った時に助けてくれる友だちはいない」と2割の子どもが答え（さいたま教育文化研究所調査）、「友だちに気をつかって疲れる」「遠足のバスに座るのに、2人組が作れないから行きたくない」と小学校高学年の子どもたちも悩んでいます。近頃、小学生でもスマートフォンや携帯電話を持つ子が増えてきました。SNSの広がりの中で、いまや小学生も「LINEのやり取りが辛い」等と訴えています。小学校でも毎年、全学年学級編成替えをするところが増えてきましたが、その背景には子どもたちのこうした"友だち関係"問題もあるのです。

国連子どもの権利委員会の日本政府への勧告

国連子どもの権利委員会は、日本政府に対して「懸念事項、勧告を示した最終所見」を公表しました（2010年6月20日）。

勧告では、「親子関係の悪化に伴って児童の情緒的及び心理的な幸福度に否定的な影響を及ぼし」（パラ50）、「子どもと親及び子どもと教師との間の関係の貧困さ」（パラ6 60）と指摘しています。また、「競争的な教育制度」について次のように述べています。

委員会は、日本の学校制度において極めて質の高い教育が行われていることは認識するが、学校や大学への入学のために競争する児童の人数が減少しているにもかかわらず、過度の競争に関する苦情が増加し続けていることに懸念をもって留意する。委員会はまた、このような高度に競争的な学校環境が、就学年齢にあたる児童の間で、いじめ、精神的障害、不登校、中途退学、自殺を助長している可能性があることを懸念する」(パラ70)

　傾聴すべき、具体的手立てを打つべき勧告ですが、いまはこの勧告に逆行するような現実ではないでしょうか。

❷ "失敗・間違いは宝"
「は・か・せ」（早く　簡単　正確）からの転換を！

　幼児のころから自分たちで作り上げる経験、失敗しながら成し遂げる体験を経ずに、自分で決定する力さえ培われずに育ってきた子どもたちが、「間違えると恥ずかしい」「失敗は悪いこと」と考えるのはある意味当然のことです。では、大人はなぜ「間違いや失敗はしない方がいい」と思っているのでしょうか。私は、今日の学校教育を取り巻く社会全体を覆う価値観が背景にあると思います。

　「は・か・せ」ということばがあります。「はやく・簡単・正確」のことで、算数の授業でよく使われます。それもある意味大切なことですが、時間に追われる中で「は・か・せ」の結論を急ぐと、どうしても「正解に導く」「間違いを訂正して正解を教える」ようになりがちです。では、授業の中で「わからない・間違えた・失敗した」ことを取り上げることは、不可能で、意味のないことなのでしょうか。

　可能です。教師をはじめ私たち大人が、「子どもたちの『わからない・失敗・間違い』は、"宝物"」という見地に立つだけで、子どもたちに納得を生む学びが保障できるのです。「わからないから学校に来ているんじゃ

ないか」「わからないから、みんなと学ぶんじゃないか」「わからなくたって大丈夫。わかるようになれるから」という安心が、実はとても大切なことなのです。

1 「自己肯定感」の低い子を育ててしまう算数授業

「アクティブ・ラーニング」の名の下で

私は、各地の算数研究授業を年間数十回見ていますが、近ごろは"学び合い"をテーマとする学校が増えています。そこで見る授業の多くは、次のようなものです。

問題を出して確認した後に、自分たちで解いて考えてみる「自力解決」をさせ、教師が机間指導をします。子どもたち一人ひとりの解き方や「ペア学習」・「グループ学習」で解き合う姿を見ながら、助言したりして教え合いをさせます。この時、教師は「間違っている子」「わからない子」を少なくしようとします。その後、子どもたちから出されたいろいろな考えの中から先生が期待するものが出るように取り上げて検討が始まり、最後に「はやく・簡単・正確」を合言葉にした結果の「正解」にいたるという流れです。問題なのは、この過程で「よくわからなかった子」も「わかったような気持ち」にさせられてしまうことです（60ページで具体例を見ます）。

研究授業ですから、どの先生も何度も指導案を検討して一生懸命に授業の準備をしており、出だしは順調に滑り出したかに見えます。しかし、しばらくすると先生の一生懸命さとは裏腹に、子どもたちの背中が次第に「つまらないよ」「わからない」と語り始める光景によく出会うのです。対話し、協働しているように見える「ペア学習」や「グループ学習」は、よほど慣れていない限り子どもの力関係に左右されて進められ、間違った子やわからなかった子は、教えてもらってわかったような気にさせられていきます。

教えたいこと・獲得して欲しい目標があるので、制約された時間の中で授業を進めようとすると、間違った解答や「わからない」「迷っている」

写真は本文とは関係ありません

子どもたちの考え・思いはそのまま置き去りにして正解に向かって授業が進められる——特に算数はその傾向が強いようです。

　一人ひとりの子どもの現実や理解の仕方にこそ注意を向けなければなりません。「は・か・せ」の「正解を教える」授業の発想では、授業形態をいくら変えても子どもたちの"間違いを宝"にできず、置き去りにされた子どもは「わからない自分」に自信が持てなくなるのです。「正解を教える」という教師の意識・行為の転換と、授業の形態・方法と内容の深い検討が求められているのです。「アクティブ・ラーニング」の名の下に方法や形態が優先される算数の授業で、子どもの「自己肯定感」はさらに低くさせられていくのではないかと思います。

　「自己肯定感」とは、自己を単に肯定するのではありません。『自己肯定感って、なんやろう？』(かもがわ出版)の著者・高垣忠一朗氏は、自己肯定感についてこう述べています。

　「ダメな自分でもいいじゃないか」「それでもがんばっている自分でいいじゃないか」

まるごとの自分を認める、子どもがそう思える環境こそ、教師を含む大人が作らなければならないのではないでしょうか。

「こなす授業」――先生の苦しみ――

2000年の学習指導要領の改訂で授業内容が増え、「は・か・せ」の傾向が強まって、「こなす授業」に悩む先生たちの声が多く聞かれるようになりました。

「会議や書類書きが多くて毎日忙しく、一番大事な授業準備ができない。毎日『こなす授業』をしているのが辛い」「『できない子』と『できる子』の差があって、授業の進め方に悩む」「楽しい授業をしたい。子どもの瞳が輝く授業がしたい。でも、内容が多くて時間がかけられない……」

ベテランも経験の浅い人も、心ある教師たちは毎日の授業・事務処理等に追われ、「子どもたちが『楽しくわかる、できる』授業づくりにじっくりと取り組めない」というのです。どんなに忙しくても、「明日、この教材で授業したら子どもたちはどんな顔をするだろう」と授業準備すること、「先生、よくわかったよ」と言う子どもたちの輝く瞳に出会うことは何よりもうれしいことなのに、それが思うようにできない辛さ……。

こうした中で、いま多くの教室で子どもたちの「わからない」という声や「納得」が大切にされなくなっているように見えます。さらに次の指導要領改訂では「アクティブ・ラーニング」が導入されるので、いまから学習方法や学習形態ばかりが大きく取り沙汰されてきているのです。

「納得」がどのようにして子どもの中に作られるのか、ある研究授業の実際から見てみたいと思います。

②「間違い」の原因・理解のプロセス抜きの算数授業

―― 4年生・算数研究授業 ――

自分の考え方に「×」をつける子ども

"学び合い"をテーマに問題解決型の授業を研究している、ある小学校

第1章 "子どものリアル"が見えますか?

の算数研究授業(4年生)でのことです(授業者は8年目の若い先生)。授業案は学年の先生たちが共同で検討して作ったもので、この日の問題は、

> 60cmのリボンをA君とB君2人で分けます。
> A君の方が12cm長くなるようにします。
> それぞれのリボンの長さは何cmになりますか。

というもの。目標は「**2本に分けた線分図を使う良さに気づいて、2量の差をとらえて問題を解くことができる**」です。

さっと指導案に目を通して気づきました。子どもたちの中に必ず次のように立式する子がいると思ったのに、指導案の「子どもたちの予想される反応」では全くこの考え方に触れていなかったのです。

60cm ÷ 2 = 30cm
30cm + 12cm = 42cm……A君
30cm − 12cm = 18cm……B君

授業では、「自力解決」という一人ひとりが考える時間がありました。「子どもたちからこの考えは出ないのかなぁ」と思いながら子どもたちのノートを見て回ると、驚いたことに多くの子どもたちがこの式を書いていたのです。先生の予想には書いていないこの考えを、授業の中でどのように検討していくのか、興味を持って授業の成り行きを見ていました。

「自力解決」の後は、いま流行の「伝える活動」(自分の考えを3人の友だちに伝える)"学び合い"でした。この誤答を書いた子どもたちの反応を見ていると、友だちと違う答えになったのですぐに自分の考えを消してしまった子、友だちに「違うよ」と言われて困っている子もいました。互いに伝えているように見えましたが、納得し合ってはいませんでした。

その後、授業は全体での検討に入り、何人かの子どもが自分の考えを黒板に書いて説明しました。でも、多くの子どもが考えた「間違った答え」は黒板に書かれず、先生に指名された「正解」の友だちの説明をみんな静かに聞いています。すると、ある女の子は、自分のノートに書いてあった上記の図と式に「×」をつけ、正解をノートに写し始めました。隣の男の子も同様に、友だちと先生の説明を聞いて正解をノートに書き写しました。研究授業は時間通りに終わり、黒板には次のような「まとめ」が書かれていました。

- 線分図で書くとわかりやすい。
- 線分図を2本並べて使うことができる。
- 違いに気をつけて、わり算をするとできる。

　授業後、先ほどの2人に「今日の勉強は、わかった？」と聞くと、2人とも「わかった」と言います。重ねて、ノートに×をつけた女の子に聞いてみました。
　「ねえ、ノートに×をつけたでしょ。どうしてなの？」
　すると返ってきた答えは、「だって、間違えてたから」。さらに続けて、「どこが間違えて、どうして間違えたのかわかった？」と聞きましたが、本人は「わからない」と言いました。
　自分の答えが間違いだったことはわかっても、「なぜ間違えたのか」の原因も、「わからない自分がどのようにしてわかったのか」という、その子ども自身の"理解のありようのプロセス"も抜きになっていました。「正解」はわかったのだとしても、子どもたちが「腑に落ちる納得」、「ああ、そういうことだったのか」という納得が生まれていなかったのです。これでは、「自分はできない。ダメだ」という自己を否定的に見る気持ちばかりが本人も気がつかないうちに積もっていくのではないでしょうか。

間違えないように「配慮」してしまう

先の研究授業後の研究会では、2点の問題提起をしました。

- 多くの子どもが考えたやり方を、なぜ取り上げなかったのか。
- どのようにしたら子どもたちに納得が生まれるのか。

「隣のクラスでも同じ間違いがたくさんあった」という授業者の報告。「60㎝を2つに分け、一方は12㎝長い。それぞれの長さは？」という問題に、あまりに誤答が多いので先生たちは対策を考え、教科書問題とは違うリボン問題にし、子どもたちが解決しやすいような線分図で問題提示したそうです。「なるべく間違えないような問題場面にする」「4年生は、間違えると恥ずかしくて発言しないので……」と配慮したにもかかわらず、やはり間違いは続出してしまったのです。

「間違いが多い」ことについて、発想を変える必要があると思います。誤答が多いということは、そこに子どもたちの超えるべき課題が多く含まれていることを意味しています。逆にチャンスなのです。

「わからない」「途中まで考えたけど……」「違う」ということから討論を始めると、学びは深くなります。「ああ、そうか！」という納得、腑に落ちる納得は、自分の"間違い"の原因を発見することから生まれるのです。この授業で子どもたちが間違いに×をつけた途端、発見への道は閉ざされてしまったのです。

③ 失敗や「間違い」から「腑に落ちる」納得を作る

「間違い」の原因をみんなで討論

では、どうしたら「腑に落ちる納得」や自分への自信が生まれるのでしょうか。

この研究授業では、多くの子どもたちが誤答でした。誤答の考え方をみんなで検討し討論していくだけで、子どもたちの中に納得と自信が生まれたはずです。その際に大切なことは、2つあります。

　第一に、教師の「価値観」です。学びの主人公は子どもであるという価値観と、わからないことや間違いは宝という価値観です。間違いは子どもにとっても教師にとっても"宝"であるととらえると、先取り学習している子も途中までしかわからない子も、やってみたけど間違えた子も、どの考えもみんな重要であることがわかります。もちろん、「全くわからない」子どもにとっても「何がわからなかったのかがわかる」ことが大切で、「全くわからない」子も大切なのです。むしろその「わからなさ」の中に本質が隠されていることが多いのです。どの子も"一人ひとりが学びの主人公"であるという価値観を教師が持てるのかどうかが、何よりも重要です。

　第二に、「討論」です。討論の中で、子どもたちは「自分は何がわからなかったのか」「何を間違ったのか」を自分で発見していくことができます。発見は納得と自信につながります。同時に、正解を出した子どもも、自分の考え方を自分のことばで説明し、友だちの違う考えを分析・総合したりする中で、深い理解が可能になるのです。全員の考え方を子どもたちの討論に委ねれば、子どもたちは互いにそれぞれの考え方を類別したり、分析したりしながら学びの主人公として育つのです。

討論の学びでの4つの発見

　討論を通じて、子どもたちは4つの発見をしていきます。算数の授業で考えてみましょう。

　一つ目に、算数の新しい知の世界の発見。「やり方はわかっていたけど、そういう意味だったのか」「そんな考え方もあるのか」等と、新しい概念への理解を広げる発見です。

　二つ目に、友だち発見と自分発見。「あいつって、こんなふうに考えていたのか」「あの子の考え方でよくわかった」と友だちを発見します。また、自分の考えを整理して説明したり、友だちの意見を聞いて納得していく

「まんざらでもない」自分を発見するのです。正解・不正解にかかわらず、一人ひとりの考えが保障されることは、一人ひとりの学びが大切にされることに他ならず、学びの主人公としての自覚を持つことになるのです。それは、それぞれの子どもが主権者として生きることを保障することにつながるのです。

　三つ目に、「はやく・簡単・正確」という「結果」を出す価値観からの解放。一人ひとりにとって「できたり、わかったりすること」は大きな喜びですが、算数の授業を通して子ども同士の関係も豊かに変えることができるのです。それは、子どもたちに、「仲間と学ぶ中でこそ豊かに学べる」という、新しい"観"を育てることになります。

　四つ目に、「私もがんばってみよう」という意欲の育ちの発見。

　「討論」ができる教室は、子どもたちの"安心の関係"が前提ですが、「正解を出す」と考えられがちな「算数」の授業だからこそ、特に討論が重要なのです。「討論」は、子どもたちに論理的に考える力を育て、発見と納得を生み、「自己肯定感」を育てることにつながっていきます。失敗や「間違い」「わからない、できない」ことは、悪いこと・恥ずかしいこと・しない方がいいことではなく、子どもにとってはまさに"宝"なのです。

"子どもの「間違い」は、教師を育てる「宝」"

　1990年代今泉博氏は「間違い」のとらえ方について著書で実践的に述べていますが、私はこれにもう一つ加えたいことがあります。それは、「子どものつまずきや間違いは、教師を育てる『宝』である」ということです。

　子どもの「つまずき」や「間違い」から出発すると、教師にも見えてくる世界があるのです。「どうして子どもはここでつまずくのか、どうしたらわかるようになるのか」という教師自身の「問い」が、深い教材研究の世界につながるのです。「つまずき」は、子どもに原因があるのではありません。子どもに原因があると見てしまうと、教師にとって「宝」にはならず、重荷にしか感じられないでしょう。

　子どもたちの「つまずき」や「間違い」が教師の「宝」になるために必

要なことがあります。それは、**「学ぶ主人公は、子ども自身」**であるという価値観が、**教師自身の中に貫かれる**ことです。それを日々自らに問うことで、学びの内容と方法・形態を統一的に検討することが可能になるのです。

④「3人」と「3人目」の違い ──「討論」で納得！──

発見を通じてどの子にも納得を生むには、「対話や討論」が不可欠ですが、時間はかかります。「討論」を成功させるため必要なことは、子どもたちにとって**「解き明かす課題がシンプルで明確」**であることです。同時に、子どもたちが解いてみたくなる課題であることも重要です。

集合数と順序数

みなさんは、「リンゴが3個ある」の3と、「前から3番目」の3の区別がわかりますか？　大人は意識せずに区別できても、1年生の子どもたちが違いを理解するのは中々難しいことなのです。

私が1年生を初めて担任した時のことです。この2つの数の意味（集合数と順序数）がよくわからない子どもたちがいて、「どうして間違えるのだろう」と悩みました。障がい児教育担当の仲間から、「うちのクラスの子どもたちは、『3個』と『3番目』の違いが難しくてわからないのよね」と言われ、この違いを理解するのは1年生にとって簡単ではないことがわかり、私自身が学び直しました。『数学の学び方・教え方』（遠山啓著・岩波新書）、『数は生きている』（銀林浩・榊忠男著・岩波書店）を読み、「数」や「量」について初めて深く学んだのです。教科書では『10までの数』としていますが、十進構造を考えると9までで考えるほうがいいことも、この時に学びました。

日本語の数詞「いち、に、さん……」は集合数も順序数も同じように使いますが、英語では単語が違います。1はoneで1番目はfirst、2はtwoで2番目はsecond、3はthreeで3番目はthirdです。日本語の数詞

は同じなので、集合数と順序数の違いがわかりにくいのです。

「3人」と「3人目」の学習

　学んだことをどのように教材化するのか、さらに考えました。どの子も楽しくやりたくなって、わかる授業です。

　集合数は、フルーツバスケットをした後、「なかまあつめ」から始めました。「1対1対応」の学習も、ゲームから始めて具体物、そしてタイルも導入しました。その後、具体物から数詞と数字、タイル（半具体物）を結んで集合数を学習。それから、順序数を学習したのです（詳しくは拙著『新いきいき算数1年の授業』（フォーラムA）で紹介しています）。

　順序数の学習に入った1年生の6月、教室に大縄を持ち込んで「電車ごっこ」から算数の授業を始めました。教室には鉄道ファンが3人もいたのです。時々電車を止めては、子どもに電車に乗ったり降りたりしてもらい、「前から3番目は誰？」「後ろから5人目は誰？」と質問しながら、全員で体を使って学んだところで、突然子どもたちにこう聞きました。

　「前から3人は、誰でしょう」

　いままで「〇〇番目」をやっていたのに、突然「3人は？」と聞かれてとまどう子もいましたが、子どもたちの意見は分かれました。

> ◎「加奈ちゃん」と考えた子が11人。
> ◎「加奈ちゃんと圭太君とまゆみちゃん」と考えた子が13人。
> ◎「？」が1人。

　すぐに英輔君から意見が出ました。
　「それは加奈ちゃんです」
　子どもたちが意見を出し合います。
　「えっ？　違うと思う。全部合わせると思う」「あのね。3人と3人目は違うから、加奈ちゃんと圭太くんとまゆみちゃんと思う」「ぼくも3人と3人目は違う。英輔のは違うよ」「加奈ちゃんでいいと思う」

授業中の著者。本文とは関係ありません

　この時あゆみさんが、発言しました。
　「『3人で遊ぼう』って言う時、1人じゃないよ。『前から3人』は、この3人だよ。加奈ちゃん1人じゃないよ」
　自分たちの生活に置き換えたあゆみさんのことばは、子どもたちの胸の中にスッと入っていったのがわかりました。
　「聞いていてわかったから、意見を変えて、加奈ちゃんと圭太君とまゆみちゃんと思う」「わかったから、『？』から移る」と"意見変え"が続き、いまやっている運動会の練習の例もあげたりしながら、1年生の拙いことばで一生懸命に主張していました。そして、子どもたちは発見して"納得"したのです。
　「『目』がついたら1人だよ」
　「『3人目』じゃなくて、『3人は誰？』だから、みんな合わせるんだよ」
　1年生の子どもたちが、自分たちでそれまでの概念と比較しながら、体を使い、ことばと実感を結んで、「討論」で納得したのです。「電車ごっこ」をみんなで体験したことが重要なポイントでした。納得には時間が必要で

す。どのように時間を使うのかも教材研究の大事なところですが、子どものつまずきは教材研究の「宝」であり、教師を育てる「宝」でもある—それを私自身が深く納得した出来事でした。

子どものことばを通信に載せると……

　この授業の様子・子どもたちのやり取りを≪学級通信文集≫に載せると、1年生の子どもたちが一生懸命に読んでいました。自分たちの発言が文字になっていることが驚きだったようで、自分が発言したことを確認するように熱心に読んでいました。

　教室での子どもたちの様子を親や他の先生たちにも知って欲しくて、書いていた通信。効果はそれだけではありませんでした。日記や作文、≪朝の発表≫（141ページ参照）と同じように、討論の様子を載せたことは子どもたちへの大きな「励まし」になっていたのです。同時に、子どもたちは話しことばで"語ることの面白さ"と、授業のまとめや感想を自分の表現として"書くことの面白さ"も発見することにもなったのです。

　がんばってみんなで解き明かした様子を知ってもらうことを通じて、共に学び合う大切さを大人たちにも知って欲しいと願って出していた通信。そのために私は、授業中の子どもたちの発言や、語られたことばをメモしていました（≪ポケット手帳≫は45ページを参照してください）。録音する手もありますが、子育て中の私には録音を聞き返すゆとりはなく、サッとメモしていたのです。メモを取ると、子どもたちのやり取りを次の授業に活かせ、子どもの本音や成長を知り、何より「子どもって、面白いなぁ」と思わず微笑んでしまうのです。

5 競争から共生への転換を

　教育は、本来「競争」であってはならないのです。
　大人社会では「勝ち組・負け組」ということばが平然と言われていますが、子どもと大人の関係、子ども同士の関係、大人同士の関係を「競争」

ではない豊かな関係にしていくことが、いま切実に求められているのではないでしょうか。困った時に助け合い、共に支え合う関係は「競争」が前提では生まれません。子どもたちの成長発達に必要な関係は「受容的で、応答的な、人間関係」です。言い換えれば一人ひとりの願いや問いかけに共感して応えてくれる関係です。それには、大人たち自身のつながりの豊かさが問われてくるのではないかと思います。

　いまだに「戦争と競争」が続く21世紀ですが、2011年3月11日の東日本大震災による津波と福島第1原発の事故は世界中に原発・エネルギー問題を投げかけました。原発事故は、日本一国の問題では済まないのです。いまや政治も経済も地球規模で物事が進む時代です。どこかに勝つか負けるかという「対立と競争」で、本当の勝者など存在するのでしょうか。子どもたちの未来を「平和と共生」の時代にしていかなければなりません。

　そのためにも、『平和と共生の知性と感性』を一人ひとりの中に育てなければならないのです。新自由主義の競争が激化する時代に生きている子どもたちにとって、「共生の感性」を育てていくことはそう簡単なことではありません。しかし、子どもたちが一番長い時間を過ごす学校生活の中で、毎日受ける授業の中で、「互いの違いを前提として大切にしながら、共に生きていく『共生の知性や感性』を育てていく」ことは重要であり、可能ではないかと考えています。それは一人ひとりを大切にし、子育て・教育で、子どもを真ん中にして「わが子育て」から「子育て」になるつながりを作ることと深い関係があります。

　「あなたの喜びが私の喜びであり、私の悲しみはあなたの悲しみになる」

　これが共に生きる感性です。この感性を育てる知性を、21世紀を担う子どもたちが自らの力で獲得していくための取り組みを、教室や学校で、家庭や地域で作り出していくことが必要なのではないでしょうか。

≪えつこの部屋≫と ご褒美(ほうび)のおんぶ

コラム①

　担任を持っていなかった時、算数の理解を深めるために、≪えつこの部屋≫を立ち上げました。
　≪えつこの部屋≫は、給食の配膳時間に職員室脇の会議室で自由に算数を学習する場です。宿題がわからない子や授業時間に問題が終わらなかった子たちが毎日集まって、わずか20分ですが算数の学習をやっていました。
　（担任を持つと、日常の忙しさから一人ひとりの子どもとじっくりと向き合う時間が作れません。子どもたちも、いまは「体力づくり」等で朝・放課後・休み時間まで忙しく生活しています。遅れている学習を見てあげる時間が教師にも子どもにも中々作れないのが現状です）

　4年生の猛君（≪えつこの部屋≫の名付け親）と守君と一緒に、≪えつこの部屋≫で算数を勉強していた時のことです。猛君が突然言いました（猛君は家庭的にも生育過程でも困難を抱え、学習でもつまずきがあります）。
　「先生、ぼくが算数のテストで80点をとったら、ご褒美(ほうび)くれる？」
　「猛君は、どんなご褒美が欲しいの？」
　「あのね……、おんぶして欲しい」
　恥ずかしそうに小さな声で言いました。4年生の男の子が「ご褒美におんぶして欲しい」と言うので、最初は驚きました。でも、温かいつながりを求めているのだと気づき、何とか実現させてやりたいと思いました。
　「いいよ。わかった」と言うと、隣に座っていた子も「いいな。ぼくも80点とったら、おんぶして欲しいよ」と言います。
　何とか計算ができるようになった2人にとって80点のハードルは高く、結果は及びませんでした。あきらめきれない2人は、毎日≪えつこの部屋≫でも家でも勉強するようになり、若い担任からも温かく励まされて、次のテストで2人共見事に合格しました。他の先生や友だちにも褒(ほ)められ一緒

に喜んでもらえて、本当に満足そうな2人でした。
　「先生、ぼくをおんぶしても、先生の腰、大丈夫？」と言いながら、猛君は私におんぶされて、会議室を一周しました。窓ガラスに映った猛君の顔は、照れくさそうにしながらもうれしそうでした。求めていたのは、"ぬくもり"と"安心できるつながり"だったのかもしれません。その安心のつながりができた時、猛君は動き出しました。理科でもがんばって担任の先生にもおんぶしてもらったのです。
　困難な生育過程の中で"諦め"や"自分はダメだ"という思いが強い子どもの中にも、殻を打ち破って一歩を踏み出す子ども自身の「内なる力」は確かにあるのです。自己否定の思いの奥には、「ぼくを認めて！」という願いがあったのです。その願いを聴き取ってくれる相手がいた時、堅い殻をも破る力となって芽を出し、「がんばれる自分」を発見することになるのです。

第2章 自分が好きになる"学び"を作ろう
―― 具体例で見る"子ども理解"と"学び" ――

第2章 自分が好きになる"学び"を作ろう

① 「できるようになりたい！」子どもの 願いに応える学びを、どう作るか

「学校は好きですか？」「授業時間は好きですか？」

あなたは子どもの時、学校が好きでしたか？　授業時間は好きでしたか？

さいたま教育文化研究所が「ゆとり」実施前に行った研究調査（2000年。埼玉県全域の小学4年生・6年生・中学2年生・高校2年生の児童生徒3561人対象）によると、「学校は楽しいですか」の質問に、小学生80％以上の児童が「楽しい」または「楽しい時もある」と答えています。一方、「つまらない」または「あまり楽しくない」と答えた子どもが6年生で15.5％おり、中学2年生になると27.5％に増えています。

もう一つ注目すべき点は、「学校が楽しいと感じるとき」の答え（下の表）です。どの学年にも共通しているのは、第1位が「休み時間」で、「部活動」「給食」「放課後」が続き（学年によって多少順位は変動）、「授業」は最下位を争っています。学校で一番長い時間を過ごす「授業」が、子どもにとっては楽しくないようです。

私が勤務していた小学校のアンケート（全学年対象。2003年～2010年の間

学校が楽しいと感じるとき

		1位	2位	3位	4位	5位	6位	7位	8位
小4	楽しい	休み時間	部活動	給食	行事	放課後	授業	ない	その他
	つまらない	休み時間	給食	部活動	放課後	ない	その他	行事	授業
小6	楽しい	休み時間	部活動	放課後	給食	行事	授業	その他	ない
	つまらない	ない	休み時間	放課後	部活動	給食	行事	授業	その他
中2	楽しい	休み時間	部活動	給食	行事	放課後	授業	その他	ない
	つまらない	休み時間	ない	部活動	放課後	給食	行事	授業	その他
高2	楽しい	休み時間	部活動	給食	放課後	行事	授業	その他	ない
	つまらない	ない	休み時間	給食	放課後	行事	部活動	その他	授業

（さいたま教育文化研究所・研究調査報告、2000年）

に2回実施）では、「学校が好き」と答えた子が95％以上いました。注目すべきは「学校で楽しいと思うのは？」の項目で、1年生から3年生までは「授業が楽しい」と答える子どもも多いのに、4年生以上になると「授業はつまらない」という子どもが増えてくるのです。

　なぜ、低学年と高学年で違いがあるのでしょう。

　具体的で丁寧な授業を受けていた低学年に比べ、高学年は抽象的な内容が増え量も多くなります。それだけでも大変な上に、低学年でつまずき高学年でも回復できない子どもにとっては、授業はつまらない「苦役」になってしまったと言えます。

　アンケートの「授業時間は好きじゃない」は、子どもたちから私たちに突きつけられた大きな課題です。子どもの要求に応える授業、学びの内容・質を問い直さなければなりません。方法論では片づけられません。学ぶ楽しさの実感は、どうすれば育てていけるでしょうか。その**出発点は、「子どもが学びの主人公である」こと、「子どもの学びと生活を結ぶ」こと**です。子どもたちの様々な言動の裏にある本質的な問いや小さな問いを引き出し、共に学ぶ——その実際をこの章で一緒に見ていきたいと思います。

★1 教師が変われば子どもも変わる！
　　——破壊と授業不成立の学校で——

　長い教員生活の中、教師として育ったいくつかの"節"がありました。その一つが思想信条を越えて教師集団が一緒になって悩み・考え・共に創る「子どもと授業」の研究です。

　1980年代当時、私が勤務していた学校も「非行問題行動」で頭を悩ませていました。校舎内のトイレ・特別教室はひどい破損、配膳前の給食のデザートが大量紛失、地球儀は壊され、体育館ステージの裏には大きな穴、子どもたちの学習机にも大小様々な穴……そんな事例が、朝会で何度も報告されました。

私たちも様々な手は打っていたのです。「生活リズムを作る取り組み」をPTAと一緒にやってみたり、地域の懇談会を頻繁に開き、「学力向上の取り組み」もしましたが、どれもうまくいきません。高学年になるにつれて増える、授業が成立しないクラス。教室が荒れ、子どもたちの心が荒れている時、「もっと抜本的な取り組みをする必要があるのではないか」という思いが、どの教師の胸の内にも広がっていました。私たちはいままでの取り組みを振り返り気づいたのです。
　子どもを「○○させたい」「○○になるべきだ」という大人たちの思いばかりが強く出ていたのではないか、と。

"学ぶ子どもが主人公"の確認で再出発

　私たちは、「子どもの生活の現実や子どもの思いをもっとリアルに受け止める必要がある。子どもの願いや要求を理解することから始めよう」と確認し、次に取り組んだのが「綴方教育」でした。取り組み方の議論を重ねながら校内研修を開き、齋藤晴雄・三上満・大塚達男各氏をはじめ、たくさんの講師から"子どもの見方"を学びました。そしてまず始めたのは、子どもの書いた「日記」や「生活ノート」、「詩」や「作文」を一枚文集にして読み合うことです。学びながら授業をし、子どもの表現を読み合い考え合いながら、子どもたちの生活や思いを読み取り励ますことにしたのです。
　すると、見えてきたのです。授業への思いや放課後のこと、家族や友だちのこと、何気ない疑問や心の動き……等々子どもたちのリアルな本音が。しかし、それとは別に子どもたちの「授業がつまらない」の声は大きな問題でした。そこで、「授業が変われば、子どもたちも変わる」と『算数の授業研究』に取り組むことにしたのです。これは教師が変わることにつながりました。算数・数学の基本的な教科としての学習と、子どもの現状から出発し子どもの立場に立った「授業研究」を共同でしたからです。
　私はこの時、個人的にもう一つ、"学ぶ子どもが主人公"という課題を持っていました。算数の授業で「子どもが主人公」となるためには、「生

活教育としての算数の学び」をつくることが重要なのではないかと考えていました。どの教科学習でも同じですが、子どもの「問い」を育て、「生活に根ざし、総合的に、仲間と共に学ぶ学習」をどのようにつくるのかは、難しい課題でした。

　子どもたち一人ひとりの願いや思いを汲み取りながら、どの子も同じ学びの地平に立たせるには、実感のある学びが重要です。さらに何でも安心して言い合える教室の中で、討論しながら学び合うことで、"学ぶ子どもが主人公"になるのではないかと考えていたのです。こうして生まれたのが、6年の算数「比例」の学習でした。

"子ども発見"をした「比例」の学び

「やっぱり研修は、いいですね」

　5人の6年生担任が、算数「比例」の研究授業を前に喧々囂々(けんけんごうごう)話し合っていた時のある先生のことばです。私たち一人ひとりの思想・信条・価値観はまるで違いました。しかし、「どうすれば子どもが本当にわかる楽しい授業ができるのか」、「『つまんねえ』『わかんねえ』と騒いでトラブルを起こす子どもたちは、どんな学びを創ったら意欲を持ってやり出すのか」と悩み、「何とかしたい！」という熱い思いは、いつも5人の中にありました。中学校の教科書や研究会で学んだ様々なレポート、研究指定校の紀要等を持ち寄って、お互いの違いを認めつつ、むしろその違いを大切にしながら納得するまで話し合ったことが、「研修は、いいですね」のことばになって表れたのではないかと思います。

　6年生「比例」の研究授業は、私が提案することになりましたが、5クラスみんなが同じ指導案で授業する中で、私たちは"子ども発見"をすることになりました。

> ぼくはこういうじゅぎょうならいいと思った。物をつかって自分でじっけんしたり、よそうを立ててみんなで話し合ったこともたのしかった。

> レポート作りでいろいろやったので、比例がかんぜんにわかったと思う。比例が毎日の生活に使えることがこのじゅぎょうのおかげでわかった。テストもできた。おかげさまで。

　低学年から算数につまずき、「めんどくせえ、やりたくねえ、算数なんてかったるい」といつも騒いでいた勇君の「比例」の学習後の感想です（授業の詳細は『理科教室』（星の環会、2005年）で紹介しています）。勇君はこの授業の中で「わかんねえ」を連発しながら討論に参加し、比例定数が「１あたり量であること」を発見する発言をしました。参観した先生たちから「すごい！　授業でがんばってたね」「いい発見をしたね」とたくさん声をかけられ、何よりもクラスの友だちが書いた「勇のおかげで意味がわかった」という授業の感想が大きな励ましとなり、勇君のその後の授業への向かい方を変えたのです。この勇君の変化、子どもたちの学びへの向かい方の変化から、私たちは２つの確信を持ちました。
　１つ目は、「子どもは、授業の中で変わる」。
　２つ目は、「学びを通して、自分発見ができ、友だち発見ができる」。
　私は、ここにもう１点つけ加えたいと思います。
　３つ目は、「学ぶ子どもを主人公にした授業づくりを通して、教師は思想・信条を越えてつながることができる」。
　いま、教師たちは日々の事務処理や行事、子どもたちの抱える問題の具体的な指導に追われ、最も時間を割きたい授業への準備もままならない忙しさの中で、命を削るようにして仕事をしています。そんな中でも、子どもの日記や授業の感想を読み、「明日はどんな授業をしようかな」と考えて準備している時は、元気になることができるのです。教師は、その中で子どもと共に育つ自分を発見し、子どもへの眼差しも育てていくことができるのではないかと思います。

❷ 1年生の育ち合い
――友だちと関われず、学習に興味ない子の成長――

「ありがとう」が言えた明君

　明君は、幼稚園にも保育所にも通わず、家でお母さんと幼年時代を過ごした子です。明君を「他人の目から守りたい」というお母さんの思いもあり、小学校が初めての集団生活でした。明君の入学時の調査票に「歩行がゆっくりです」としか書かなかった理由を、お母さんが入学後しばらくしてから話してくれました。

　「わが子のことを詳しく話すと、学校に入れてもらえなくなると思っていたから」

　入学当初、明君は友だちとうまく関わることができず、学習にもほとんど興味を示しませんでした。ひらがな50音の読み書きも不十分のまま1学期が終わってしまったので、夏休みに「カルタ作り」を提案してみました。親子でできる楽しいひらがな学習です。

　9月、明君はお母さんと一緒に作り上げた「カルタ」を、うれしそうに学校に持って来ました。カルタ作りが楽しかったのか、漢字の学習に入るとさらに興味を持つようになり、絵日記も時々書いてくるようになりました。その2学期に生まれたのが、次の詩です。

ありがとう
ひろしくんに
ゆうがころんだとき
たたせてもらった。
ほけんしつのまえでぼくがころんだ。
みんながかけてきた。
ひろしくんが
「みんなどいて。」っていった。
だっこしてたたせてくれた。

> ひろしくんに
> 「ありがとう」
> てぼくはいった。
> ひろしくんとぼくはわらった。

　明君は、ゆっくり歩くのを待っていてくれた友だちや、転倒した時に抱き起こしてくれた友だち、物を拾ってくれた友だちに「ありがとう」の一言が言えませんでした。「何かを友だちにしてもらってうれしかったら、『ありがとう』って言うんだよ」と教えましたが、中々できません。幼児期から他者との関わりが極端に少なかった明君です。関係の育ちとことばの育ちを待つことにしました。その明君が初めて「ありがとう」を言った時、この詩が生まれたのです。

文字に興味はなくても、「ありがとう」が言えなくても、友だちと関わる生活の中で、彼の心の中に少しずつことばは育っていたのです。お母さんとの文字学習で蓄積したことばが、「転んで抱き起してもらった」時に自分の気持ちを表現するのにふさわしいものとして、自然に出てきたのでしょう。そのことがうれしくて、「書く」気持ちにもなったのでしょう。
　恥ずかしがって読まない明君に代わって、私がみんなの前でこの詩を読むと、明君だけでなく、明君を抱き起こした博君も照れくさそうにしていました。他の子どもたちから、
　「この詩、2人で笑ったっていいね」「明君、『ありがとう』って言ったんだね」
と感想を言われ、もっとにこにこしていた2人。自分で書いて表現したら、いつも抱き起こしてくれる博君もうれしそうだったこと、クラスの他の友だちもうれしかった気持ちを共有してくれたことが、明君にとって一層うれしいことになったのでしょう。明君に、「もっとやってみよう！」という意欲が出てきました。
　明君の詩と子どもたちのやり取りを通信で紹介すると、親たちからも「いい詩ですね」「がんばっている明君のことは聞いていましたが、いい仲間なんですね」と感想が寄せられました。今度は親の感想を子どもたちに読んで聞かせると、「どのお母さんも自分たちを見てくれている」と子どもたちは実感していました。

子どものありのままの表現を書き直す指導？――私の苦い経験――

　10月、明君がまた日記を書きました。文字を獲得した新鮮な気持ちを素直に綴ったものでした。しかし、その日記を私は詩に書き直す指導をしてしまったのです。改行が全くない明君の日記を、明君の思いが「もっとよく伝わるように」と、2回の書き直し指導で詩に書き直させてしまったのです。「指導」の結果できた詩ですが紹介します。

> 　　字のべんきょう
> さいしょは字がよめなかった。
> いまは字がよめる。
> いみもわかる。
> 字がよめてたのしい。
> ママとカルタをつくった。
> 字のべんきょういっぱいやった。
> 字がかける。
> 本がよめる。
> じぶんのなまえ
> ともだちのなまえよめた。
> しがかけた。

　当時、私が学んだ詩の指導は、「いらないことばを削り、教師と話をしながら書き直す」ことでした。子どもの表現に「指導」と称して手を加えることへの疑問もありながら、私はこの指導法を正しいことだと思い、「文字を楽しく学び、文字を覚えたことで友だちとつながることができた」明君の思いがもっとよく伝わるようにと、改行して書き直す「指導」をしてしまったのです。

　子どものありのままの表現を大切にせず、「助言・指導」ということばのもとに、教師の手で子どもの固有の表現を変えさせるという重大な過ちをしてしまったのです。このことは、以来ずっと私の心の中に棘(とげ)のような痛みと澱(おり)のように沈んだまま忘れられない苦い経験として残っています。

　当時の私には、"子どもの事実は表現と共にある"という深い認識が足りませんでした。子どもの詩や綴ったものを、「表現」として見るより「作品」として見てしまっていたのです。日本の綴り方教師たちが「表現」から何を読み取っていたのか——教師として、もう一度学び直す必要がありました。

　その後、フレネ教育の自由作文を学びました。また、算数の学びの過

程で子どもに書いてもらった文章、≪授業でわかったこと・思ったこと・もっと知りたいこと≫等を読んでいるうちに気づいたのです。子どもの文章が「いまある、その時の思考過程や感じ方をそのまま表現している」という事実に。私は、そこからようやく子どもたちの思いや願いを読み取ることを大切にするようになっていき、"学ぶ子どもが主人公"という大きな発見もしたのです。

明君が一緒に遊べる方法を考えようよ！——１年生の提案——

１年生が大好きな遊びは鬼ごっこですが、明君は一緒に遊べません。鉄棒に寄りかかって、にこにこと楽しそうに見ているだけでした。体育の授業やマラソン大会はいつも見学です。そのマラソン大会の後、明君は作文を書きました。

> きょう　まらそんたいかい　しました。
> はじめに　おんなのこが　はしりました。ぼくは　かなちゃんを　おうえんしました。
> かなちゃんは　いちばんでした。つぎは　おとこのこが　はしりました。ひろくんを　おうえんしました。
> ひろくんは　はやいです。ぼくもいっしょに　はしりました。
> ぼくははしれないけど　ひろくんと　はしりました。ひろくんは　いちばんでした。うれしかったです。ぼくもほんとに　はしりたいです。ゆうきくんは　いつもまっててくれます。とびばことびたいです。たいく　したいです。もっと　おべんきょうします。いっぱい　おべんきょうします。
> えつこせんせいが　おんぶして　としょしつにいきます。みんなといっしょにおべんきょうします。

マンツーマンでついてくれる人を配置できないため、明君を一度もプールに入れてあげることができませんでした。マット運動も鉄棒もかけっこ

もみんなと一緒にできなかった明君。みんなと「たいくやりたい」という強い願いを持っていました。この願いをいまの学校ではかなえることができなかったので、明君は特別支援学校への転校を考え始めていました。

3学期のある日、学級会の《提案ボード》（175ページ）に裕君からの提案が書かれていました。

> "みんなであそぶ日"は、おにごっこがおおくて、あきらくんはいっしょにあそべないからなにかかんがえたい　　　　　　ゆう

教室には、子どもたちが自由に提案を書き込む《提案ボード》が置いてあります。少し前には、

「もうすぐ2年生になってクラスがおわかれだから、もっといっしょにあそびたい」

という提案があり、喧々囂々(けんけんごうごう)の話し合いの末に「毎週火曜日と水曜日と金曜日の昼休みは、"みんなで遊ぶ日"」と取り決めていたのです。しかし、遊ぶ日は決まっても明君はみんなと一緒に遊べない、裕君はそれが気にかかってずっと考えていたのです。子どもたちは裕君の提案を学級会で一生懸命に考えました。そして、子どもたちはついに考え出したのです。

> ◎ 週2回、明君も参加できる「あるき凍り鬼」「あるき王様じゃんけん」で遊ぶ。
> ◎ あとの1回は、自分たちが思いっきり走り回れる日にする。

子どもたちは、鬼ごっこで「歩き」の日と「走る」日を作って楽しみ始めました。転校してしまう明君との時間を惜しむかのように。友だちの思いを汲み取り、自分たちで考えて自分たちの生活を変える力が、1年生の中にも育っていたのです。子どもの優しさと発想の豊かさに、親も教師も胸の内が温かくなりました。

"子どもは仲間の中で育ち合う"――私たちはこのことを再確認し、子ど

もたちから「いまの教育の下でも『共生』＝仲間と共に生きる感性を育てることはできる」と、大きな希望をもらいました。

★3 １年生、初めての授業参観
── 親も子も緊張と不安でいっぱい ──

１年生の親の不安

　１年生の子どもの親は、子ども同様に不安でいっぱいです。
「うちの子は、○○ちゃんよりましですか？」
　ある１年生のお母さんが、放課後、子どものいない教室に訪ねて来たこともありました。「うちの子だけできない」「あの子と比べると…」と不安や悩みをいっぱい抱えている親たち。そんな１年生の親に、私たち１年生担任は入学式の日に≪お便りカード≫を渡しています。
　「わが子のことで伝えたいこと、困ったこと、聞きたいこと、何でも書いてください」と伝えて渡すＢ６サイズのこのカードは、入学式の翌日からたくさん届けられます。明君が１年生の時は１学期だけで150通以上、私のもとに届けられました。
　入学直後はたくさん来るだろうと覚悟していましたが、５月・６月・７月になっても、数は減りません。わが子の友だち関係の心配や、ちょっとした連絡事項の確認から持ち物の心配まで書いてあります。私たちは、カードへの返事を必ず丁寧に書き、応えていました。
　≪お便りカード≫は、親と教師の双方向の安心の関係づくりや、教師が子どもの心の奥の声を聴くためにも、不安な親が一人で孤立しないようにするためにも大切です。同時に、子育てを励まし合う親同士の関係・つながりをどうやって作っていくか、いつも考えていました。なぜなら、**"親たちのつながりが、子どもの成長を支える"**からです。≪お便りカード≫に書かれた内容を、学級通信や学年通信に載せて他の親にも知らせていたのも（書いた本人の承認は必ず得て）そのためです。「どの親も同じように悩んでいる」「どの子も愛おしい存在」と、わかってもらいたいからです。

初めての授業参観――国語「そ」の学習――

授業参観のねらいを、私は次のように考えています。

> ❶ 教師が普段どんな授業をしているのか、おうちの方に見てもらうこと。
> ❷ クラスの雰囲気をつかんでもらうこと。
> ❸ わが子がどのように学習に参加しているか、見てもらうこと。

同時に、親も子も緊張と不安で迎える1年生初めての授業参観は、いつもと同じ楽しい授業にしたいと思っています。

この日は、「そ」の文字学習です。子どもたちが興味を持ってみんなで発見して生活を語り合い、やってみる実感のある授業にしたいと考えました。いつも使う≪ハテナ箱≫（下・写真）を用意し、中には本物のソラマメと絵本『そらまめくんのベッド』（なかやみわ作／絵・福音館書店）を隠しておきました。

教卓にはきれいな≪ハテナ箱≫が一つ。子どもたちは興味津々です。おうちの人が来ているので、後ろを振り返って手を振っている子もいます。

「今日勉強する字は、ここに入っているものに関係があります。何でしょう？　質問してください」

「それは食べものですか？」「ハイ」

「甘いですか？」「砂糖のように甘いわけではありませんが、甘みがあります」

「色は何色ですか？」「緑色です」

「野菜ですか？」「そ

ハテナ箱

うです。野菜で、いま、スーパーで売っています」

「かたいですか?」「お父さんのビールのおつまみになりますか?」「大きさは?」「さやに入っているとこれくらいですが(手で大きさを示す)、中身はこれくらいです」「それは絵本になっていますか?」……子どもたちは一気に集中し始めました。「箱の中には何が入っているのかな」「今日勉強する字は何かな」と一生懸命に考えています。

箱の中身と勉強する字がわかった子どもは、次々に起立していきます。ほぼ全員が立ち上がったところで、みんなで声をそろえて正解を言いました。

「ソラマメの『そ』!」

その後、ソラマメと絵本『そらまめくんのベッド』を≪ハテナ箱≫から取り出し、絵本を途中まで読みきかせてから、ソラマメをさやつきで配りました。匂いを嗅いだりさわったり。次はさやを割ってみました。中を見てさらにビックリする子どもたち。

「本当にベッドがふかふかだ!」。おうちの人たちも驚いたように一緒に見ています。

次に、「そ」のついたことばを子どもたちが発表します。名詞・動詞・形容詞・感嘆詞等が次々に出て、「そうだんする」「そらす」などのことばが出ると、自分の経験を語ったり、その場面を実際にジェスチャーでやってもらったりしました。最後に、「そ」の文字を勉強し、「そ」の入っているお話を子どもたちにしてもらいました。

≪お便りカード≫で親と教師の交流

こんな授業の後だったので、≪お便りカード≫にたくさんの感想が寄せられました。

> 授業参観、私も恵津子先生の授業に引き込まれました。"箱の中"にキューリかな? えっ!!ホクホクしている? 何??? 心の中で授業に参加です。ソラマメのベッドは本当にふかふかだなあと

> 子ども共々発見の多い授業でした。夜、早速ソラマメをぐつぐつ。娘に渡すと渋い顔。恐る恐る口に入れると顔をしかめて「青い匂いがする!」。多分この先、娘はソラマメを見るたびに授業参観を思い出すと思います。
> 追伸
> 「あかいほっぺ*」は毎号楽しみに拝見しております。子どもの学校生活がよくわかって楽しい、また子どもたちのことばや発想に感心したり、笑ったり……本当に子どもは無限ですね。
> *あかいほっぺ……通信のタイトル

> 参観、ありがとうございました。とてもイキイキとした授業で、引き込まれてしまい童心に返ってしまいました。私もソラマメはくさい!!という先入観があり、食卓にあげたこともありませんでした。家に帰ってからも「本当にベッドってふわふわなんだね」「ソラマメの頭には本当に黒い線が入っているんだね」「パパも実は好きだったんだあ」等々……家族で授業を分かち合えてとても有意義な参観となりました。
> 普段から、松ぼっくりがぬれるとすぼむことや花びらが何枚あるんだろう等々楽しそうに話してくれて、五感をフルに使って受け止めていくことの楽しさ大切さを教えて下さり、「話したいんだもん」という子どもの全てを受け止めてくださる先生に感謝しています。これからも子どもから話を聞くのが楽しみです。

　こうした感想に教師も励まされますが、≪お便りカード≫には家庭でのちょっとしたエピソードなどに交じって告白？相談が寄せられることも少なくありません。「うちの子、本当は学習障害と診断されています。よろしくお願いします」「私、子どもを虐待しているかも……」「先生、ご相談したいことがあります。夫がリストラされて……」「いま、離婚協議中で

ある日の授業参観—お手玉作りに挑戦！　本文とは関係ありません

す……」「私、癌の再発で、また手術します」……等々。内容は様々ですが、共通しているのは子育てが「孤育て」になっている親たちの姿です。多くは核家族で、シングル家庭も多い20代から30代の親たち。メールやLINE、フェイスブック等のつながりは多いようですが、心を開いて「子育ての悩み」を相談する仲間や第三者が身近にいるわけではないようです。

　1年生の親たちは、担任との関係も不安です。「この人に相談しても大丈夫だろうか？」と、おずおずとお便りに書きながら、徐々に担任との関係を作り始めました。教師と1対1のつながり・信頼関係ができる中で、少しずつ心を開いてきたお母さんの1人が、「詩」を書いた明君（79ページ）のお母さんだったのです。

★4 "待つ"ことの大切さと難しさ——「やりたい」気持ちを育てる——

「どうしても書きたい！」

　小学校3年生の教室で、鉛筆を走らせる音だけが静かに聞こえています。

第2章　自分が好きになる"学び"を作ろう

行事の後に作文を書くことは滅多にしませんが、マラソン大会の後、「どうしても書きたい！」という子どもたちの声で書くことにしたのです。

　　　　34いになれたよ

　　　　　　　　　　　　　　　　　　　　　　　　ふみお

「パーン」
ピストルの音がなりました。マラソンでぼくはおとうさんにあどばいす（アドバイス）をもらいました。さいしょわ（は）せんとうについてずっとついていって、さいごのときとばすってゆってました。スタートしておとうさんがゆったことをわすれていました。ぼくはとちゅうでおもいだしてゆったことをやったらぬかせました。そしてぼくははしりつづけました。のぼりがみえてきてAくんがぼくをぬかしました。こんどはくだりがみえてきました。ブレーキをかけたけどころびませんでした。ぼくはAくんからはなれてしまいました。なんではなれてしまったかというとぼくは、スタートしたときから足がずっといたくっていたくってたまりませんでした。でもおうえんの声がしたのでずっと足がいたくてもはしりました。がっこうがみえてきたときめまいがしてころびそうになりました。でもがんばりました。がっこうのもんのちかくについてゴールまでもうすこしっておもってはしりつづけました。足がもういたいよってゆってるようだったけどずっと空を見てはしってあともうすこしっておもいました。もうぐだぐだでだめでしたが、みんなのこえがしてごーるにつきました。うしろをみたらAくんがいました。ぼくは34いでした。

　ふみお君は、ひらがなもおぼつかず、この3年間ほとんど文を書くことはありませんでした。授業中は手いたずらばかりで集中できず、学用品の忘れ物も多く、欠席や遅刻も少なくありませんでした。そのふみお君が、
　「先生、手が疲れたよ」

と言って持って来たのがこの作文でした。誤字も多いですが、「書くの得意だよ」とまで言うのです。ふみお君が書き出したのは、ある学習との出会いがきっかけだったのです。その経緯をたどってみたいと思います。

1 "待つ"ことは難しい

4月、ふみお君を含む3年生を担任しました。このクラスの子どもたちの多くは、機械的な計算や指示された内容をこなすことはできますが、自分の思いや考えを述べることは自信がないようです。

私は、子どもたちの"安心の居場所"（安心して意見を言い合える関係）を作ろうと考えました。そのために、"体をぶつけて遊ぶ"遊びをたくさん紹介し、放課後も子どもたちの発案による≪遊びのひろば≫に取り組みました。Sケン・人とり・ポコペン等、体を思いきり使った遊びで体が開放されると、子どもたちの関係もぎこちなさが取れてきました。放課後の≪遊びのひろば≫は、自分たちで校庭に集まって遊びます。男の子も女の子も、弟・妹・ペットまで連れて集まって、おしゃべりしたり鬼遊びをしたりする時間を楽しんでいました。

一方、≪朝の発表≫や≪日記を書いて読み合う≫ことを通して、生活や興味の交流もするようにしましたが、安心の居場所作りは中々思うようにはいきませんでした。

≪朝の発表≫（141ページ）は、子どもが自由に自分の興味・関心や思いを発表する場で、どの学年でも続けて実践してきました。発表したい人は小さなボードにエントリーして、数人ずつ毎朝誰かが発表するのです。発表後はみんなで一つずつ「良かったもの」を挙手で選び（毎回ほぼ全員のものが選出）、清書して掲示されるのです。発表を機に、一人の興味が次々と他の子にもつながっていくことも珍しくないのですが、このクラスでは仲間に向かって語ることが中々できませんでした。

≪日記や生活ノートを読み合う≫ことも、そもそも書かない子が多く、うまくいきません。この子たちには、少し時間が必要でした。

焦らず、教室にいろんな物を持ち込み、想像や推理の楽しい授業をしながら、友だちの書いた日記を読み合い、子どもたちが動き出すのを待つことにしたのです。ふみお君もまだ、動き出せずにいました。

2 国語・『すがたをかえる大豆』が転機に

体験 ──「実感」と「ことば」をつなげる──

2学期、国語教材『すがたをかえる大豆』（3年・光村図書）に取り組みました。

説明文を読んだ後、自分で食べ物について取材し、「はじめ、なか、おわり」という文の書き方で文を書く、という学習ですが、説明文を書くのは、3年生にとって簡単ではありません。さらに、教科書にある「図書を使ってまとめる」という方法では、子ども自身のことばは育ちません。子どもたちの体をくぐったことばを大切にしたいと考え、同じ学年の若い先生たちと一緒に体験や探検を授業に取り入れました。

まず、教材文をみんなで丁寧に読みます。

大豆が「きな粉」に姿を変える時に、「いる・ひく」ということばに出会います。加工する様々な過程で出てくることば─子どもたちには体験がない「ことば」と「実感」を結ぶ必要がありました。残念ながら大豆を育てることができなかったので、次の体験をしました。

- ❶ 近所の農家で、青い枝豆から茶色い大豆への変化を見せてもらう。
- ❷ 学年みんなで大豆を炒る。
- ❸ 炒った大豆を石臼でゴロゴロと粉に挽いて、きな粉を作る。
- ❹ 米を挽いた粉から団子を作る。きな粉と一緒に食べる。

きな粉は給食でも出ますが、大豆を挽いたばかりのきな粉は、風味が全然違います。「甘い！」「おいしい！」と挽きたてのきな粉を味わいました。大豆を炒ってそのまま食べてみた祐君が、感想を書きました。

　「『炒る』って鍋に入れて火の力だけで変えるんだと思います。だから、漢字は『火』がつくみたいです。焼くも同じだと思います。『挽く』はどうして『てへん』かわかるよ。手で石臼を回すからじゃない？」
　体験をもとに、漢字の意味を考えたのです。子どもたちは、≪漢字先生≫（101ページ）で漢字の成り立ちや意味を自分たちで調べていたので、漢字に興味を持っていたのです。3年生では学習しない難しい漢字なのに、実感がことばの意味を深めてくれたのです。

≪探検≫——取材に出かける3年生——

　子どもたちは、自分で興味を持った「すがたをかえる食べもの」の取材を始めました。≪朝の発表≫が、にぎやかに、豊かになってきました。

> - 「豆腐によって味が違う」と言っていた子は、校区内の豆腐屋さんやスーパーに出かけ、家で手作り豆腐に挑戦し、値段や材料の違いまでも発表。
> - 「なっとう」を取材していた子は、家で納豆作りをして、「納豆のひみつ」を発表。
> - 果物からジャム作りをした子は、手作りのジャムを持って来て発表。
> - 「本当に米で煎餅(せんべい)ができるのか？　と思って、作ってみました。食べてみてください」と発表する子。
> - 「小麦からパン」に興味を持った子は、地域の「天然酵母のパン屋」に出かけ、コンビニで売られているパンの多くが中国で生地が作られていることを調査して発表。
> - 「卵のひみつ」を調べた子どもたちは、地域の洋菓子工場で「プリン作り」について調べ、友だちの家に休日集まってプリン作りを体験して発表。
> - 「牛乳が姿を変えるバター」を調べた子は、親子で市内の牧場に出かけてバター作りを体験し、「牛乳のひみつ」を発表。

　体験や探検が始まって、≪朝の発表≫や≪日記≫が取材の報告でいっぱいになりました。みんなは、取材から「構成・構想」「記述」へと入っていきました。ぐんぐんと書き始める子たちを見ても、ふみお君はふらふらと立ち歩くだけで一向に動き出しません。私は、ふみお君が動き出すのを待ちました。

　（取材と同時に、学校に地域の名人を招いた体験教室も重視しています。「パン作り」は、竹井ますみさんに来ていただきました。微生物の研究やサッカーワールドカップ代

表選手の管理栄養士をしていたパン屋さんです。「私たちは植物を食べないと、自分で栄養が作れないこと」や「イーストフードは人間が作ったもので体に良くないけど、イースト（酵母）菌は砂糖と水という餌を食べる目に見えない生き物であること」等、いろいろな話も聞きながらパン作りをしました）。

突然ふみお君が動き出した！

「ぼく、お米の秘密を書く！」。ふみお君が突然言い出しました。

ほとんどの子が下書きを終えて、友だちの文を読み合っている時です。

「同じ文なのに、２人が言っていることが違うのが面白い」

と言って書き始めたのです。隣のクラスにも中々始めない子がいたのですが、やはりみんなで下書きを読み合う段階になって動き出したのです。友だちの意見や質問・感想を言い合う姿に触発されたのでした。

「ぼくね、おうちでお米を研ぐんだよ」

と、ふみお君がつぶやくと、「えっ？ お米って洗うんだよ」と健太君に否定されてしまいました。

「違うよ。パパが研ぐって言ったよ」

子どもたちは「米は洗う」「いや、研ぐ」と口々に言い出し、ふみお君は家でもう一度確かめることにしました。さらにお酒の大好きなお母さんのお酒が、米からできていることも聞いてきたのです。

次の日、ふみお君は「米」の参考図書を開いて、友だちと知りたいことを書き出し始めました。続いて、説明の文も書き出したのです。文章をほとんど書かないふみお君が、黙々と鉛筆を走らせ、国語の時間いっぱいかかって一気に書き上げました。書き上げた作品のふみお君の文字がきれいなのに驚いた隣の子が、

「ふみ君て、すごいね。こんなにきれいな字が書けるんだね」

と言ってくれたので大喜びです。いつも筆箱は空っぽで鉛筆や消しゴムを借りているふみお君。ノートもぐちゃぐちゃにしか書けなかったふみお君。うれしくてクラスのみんなに原稿を見せて回り、

「先生、ぼく初めて集中したよ。疲れたぁ。**ぼくって、すごいよね！**」

とにこにこ顔でした。

清書したものを最終的に本に仕上げます。その前に、友だちの文を鑑賞しながらみんなで推敲(すいこう)しました。みんなで読み合ったのは栞さんの「パンのひみつをさぐろう」という作品です。近所のパン屋さんの竹井さんとパンを作り、地域のパン屋さんや給食のパンについて取材したこと、参考図書で調べたことを段落を使ってまとめた力作です。子どもたちは、栞さんの作品を読んで、「思ったこと」「初めて知ったこと」「もっと知りたいこと」を書き込み、意見や感想を出し合いました。

　「『ゆにゅう』ってむずかしいことばだから、みんながわかるようにもっとわかりやすく書いた方がいいよ」「『こうぼが生きている』って初めて知りました」「私と違って、給食のパンについて調べているのがいい」「埼玉で小麦を作っているのがわかった。でも、大麦と小麦ってどう違うの？」「中国産のパンって聞いて、これからコンビニのパンはやめようかなと思った」等……、テーマは違ってもそれぞれが自分も調べて書いているので、どんどん質問や意見・感想が出ました。その後、友だちと交換して作品を読み合い、アドバイスや感想を出し合って、推敲し、清書しました。

この時、子どもたちが作った作品

3年生114冊の作品はみんなで読み合い、感想を書き合って、最後に図書室に置いて全校のみんなにも読んでもらいました。4年生から、
「麦のことがとってもよくわかりました。3年生なのにすごいですね」
と感想をもらった子もいました。書きたくてたまらなくなって書き上げた作品は、一人ひとりにとって大切な1冊の本になりました。
　もちろんふみお君も清書して本ができ上がりましたが、一文字一文字思いを込めて集中して書いた下書きの方が、清書したものよりもずっと力強く丁寧だったことは言うまでもありません。ふみお君は、1・2年の時の担任からも褒めことばのメッセージをもらい、いままで一度も書いたことがない≪日記≫や≪作文≫を自分から書き始めました。

　忙しい学校生活の中で、遅れがちな子やヤル気のない子にとっては、厳しい現実があります。だからといって、教師や親がいくら焦っても、子どもが自ら動き出さなければ子ども自身の力にはなりません。子どもたちは、体験と仲間との学び合いの中で意欲を育て、ことばも感性も豊かに育てていきます。子ども自身の中で「やりたい」と思える気持ちを熟成させるまで待つことは難しいことですが、本当は大切なことなのです。

② 小さな「問い」を大きな「学び」に育てよう

★ 一人の興味がクラス全体の学びにつながる時

　子どもたちの学びの場は、学校だけではありません。学校は生活時間の中で大きな割合を占めていますが、子どもたちの興味・関心、生きる力・働く力や知恵の多くは学校外で学んでいると言っても過言ではないでしょう。地域の様々なつながりの中で生活している子どもたち。一人ひとりの興味や関心も違います。それを交流すれば、各自の好奇心を刺激し、視野を広げ、問いや学びを豊かにし、学校での学びの世界も広く深く豊かにすることにつながります。自分発見、友だち発見にもつながり、地域に生きる生活者としての主体を育てることにもなるのです。

1 怒られた失敗談から、草木染め学習への発展
――2年生――

涙の発表

　5月のある朝。2年生の貴子さんが、ツツジの花をいっぱい持って≪朝の発表≫の壇上に立ちました。何だか元気がありません。
「昨日、私は放課後の校庭で花を摘みました。楽しかったのでいっぱい取って蜜を吸っていたら、校長先生に『だめだ！　学校の花を取っちゃいけない！』って怒られました。だから泣いちゃいました。せっかくだから持って来ました」
と、泣きながらスピーチをし、「でも、この色水はきれいです」と花のしぼり汁も見せてくれました。貴子さんのスピーチが終わると、子どもたちから、次々に感想や質問が出されました。
「赤くてきれいな花の水ですね」「校長先生に怒られて、泣いたんでしょ。

怖かった？　でも、やっぱり取っちゃいけないんじゃないの」「私も取ったけど、蜜がおいしいよね」

　校長先生に叱られてしまった失敗談？でしたが、いいものを持ち込んでくれたと思いました。

　次の日、この花の汁にレモン水を入れて見せると……色が鮮やかな赤い色に変わりました。子どもたちは驚きの声を上げました。次に、花の汁に石鹸水を入れてみると……今度は、青味がかった灰色に変わりました。

　「すごい！　やってみたい！」「貴ちゃんの花って、すごい花だね」

　そう友だちに言われてちょっぴりうれしそうなのは、昨日べそをかいて発表した貴子さんです。

花の色水遊び

　この貴子さんの「失敗談？発表」をきっかけに、「私もやってみたい！」と生活科の1時間を使って色水遊びをすることになりました。

　オオムラサキの花とムラサキキャベツを使いました。ビニール袋に入れてつぶして紫色の汁を取り、これに酸性のレモン水やアルカリ性の石鹸水の水溶液を入れて色水を作りました。

　次に応用です。画用紙に鉛筆の線描きで絵を描き、紙全体にムラサキキャベツの汁を塗って乾かします。そこにレモン水やシャンプーの液、灰汁の液を塗り絵のように塗っていくとステキな色が現われ、面白い絵ができ上がったのです。

　子どもたちは、家に帰ってからも友だちと色々な水溶液を使って「色水遊び」を始め、≪朝の発表≫はしばらく「色水遊び」の報告が続きました。この体験はさらに「草木染め」につながっていきました。

草木染め

　2年生の生活科で季節ごとに地域を探検します。今回は、探検の折に摘んできた野草や花で「草木染め」をしました。野草を煮出して染色液を取り出し、ミョウバン等の媒染を使って毛糸を染め、オリジナルのポシェッ

トを織るという活動です。

　子どもたちはいろんな草を持ち込みました。ヨモギ、キクイモ、サルビア、エノコログサ、ドングリ、オニグルミ、ケナフ、マリーゴールド、ベニバナ等々。子どもたちは「この花で染まるかな？」と何でも試したくなり、リンゴやブドウの皮、玉ねぎの皮から、紅茶、コーヒー、小豆等まで持って来ました。

　次に、親子レクリエーションで藍染めをしました。染め上げた十数種類の毛糸は、自然の優しい色なので子どもたちはすっかり気に入ってしまいました。

　3学期、いよいよポシェットに挑戦です。指編みで紐を編み、ボタンを縫いつけて、世界でただ一つのポシェットができ上がったのです。子どもたちはこの中で、「縫う」「織る」「編む」の違い、ヨモギの「摘む」「ちぎる」「折る」の違いを、体験を通して学ぶことができました。

　ことばを自分の実感として学んでいく体験は、貴子さんの失敗をきっかけに大きく広がり、授業を通して子どもたちの世界を豊かにしてくれたのです。

　失敗も、そこから学ぶと大きな"宝"となるのです。

2 子どもが子どもに教える≪漢字先生≫

どの学年でも楽しく学べる≪漢字先生≫

2年生で学ぶ漢字は160字。多くて大変で、漢字嫌いが増えていきます。

私は、2年生の2学期ごろから6年生まで、ある漢字学習の方法を取っています。それが、≪漢字先生≫で、子どもたちが「漢字の先生」になるのです。どの学年でもいつも大人気の方法を紹介しましょう。

- 学習する漢字を子どもたちが分担します。どの漢字を担当したかは、他の子どもには内緒です。
- 書き順、読み方、意味、使われ方等を他の子には内緒で調べさせ、大きな画用紙に鉛筆書きで書いて準備してもらいます。
- 「今日は何の漢字?」という「なぞなぞ」を、おうちの人や教師と相談しながら考えておきます。(書き順等の下調べのために、読みやすい漢字の本を選んで用意しておきます。普通の漢字辞典を引くのは、2年生には難しいのです)
- 担当以外の子どもは、なぞなぞや担当者が持って来たヒントをもとに質問をしながら、どの漢字を習うのか、当てていきます。
- 担任から、その字の成り立ち等を補足説明します(その日の字を予想して調べてきた子がいる時は、その子に説明してもらいます)。
- その字を使った文作りをします。時間がある時は短冊に文を書かせて、全員分貼り出し、みんなで読み合います。すると、その字のいろいろな使い方がわかり、字や助詞の間違い等も指摘し合って一緒に学んでいくことができます。

(補足:机の並べ方は「コ」の字型にします(178ページ図参照)。≪漢字先生≫を含む国語や算数、≪朝の発表≫等意見交換が多い時は、お互いの顔がよく見えるように「コ」の字に。音楽や絵本の読みきかせ、具体物を中心に授業を進める時は、イスだけの配置に。グループ学習はT字配置の机に。書写は矢車配置に……等々、学ぶ時の必要に応じて机の配置を変えています)

≪漢字先生≫を始めたきっかけは、2年生の隆君の教室です（12ページ）。トラブルが絶えず、「めんどくせえ」と授業中に騒ぐ日々。漢字は「やりたくねぇ」の最たるもの……「何とか子どもたちが動き出す方法はないか」と切羽詰まって始めた方法でした。

　すると、どの子もこの学習を通して漢字の面白さを発見し、生き生きと漢字を学ぶようになったのです。それ以来、中学年・高学年でも≪漢字先生≫に取り組みましたが、いつも好評で子どもの手に学びを委ねる学習として定着しました。

美紀さん、≪漢字先生≫で「父」の字を担当

　「父」の≪漢字先生≫（141ページ）になった美紀さんは、おうちの人と一緒に考えて、お父さんのネクタイを持って壇上に立ちました。

　「今日、私がやる漢字はこれです」

　早速次々に質問が出ます。

　「それは、家族に関係ありますか」「サラリーマンに関係ありますか」「男で、力持ちの人ですか」「私のうちにはいないよね」「その人は、時々学童保育所の父母会に出ますか？」

　美紀さんの答えを聞きながらみんなは漢字を想像し、わかった子どもは静かに起立していきます。全員が「父」という字だとわかったところで、成り立ちについて補足説明し、「父」の漢字を使った文作りをしました。短冊（B4サイズの紙を縦に切ったもの）にサインペンで書いて貼り出し、みんなで読んでいくと助詞の間違いも発見しました。「〇〇ちゃんの間違いのお陰でみんなが学べて良かったね」と言いながら、間違いから学ぶことの大切さも折にふれて確認し合います。

エピソードと共に記憶する

　「今日準備してきたから、漢字はぼくにやらせて！」。低学年の子どもたちは漢字先生の学習が大好きです。その理由は、なぞ解きをするようにみんなの前で披露するのが楽しいことと、漢字の成り立ちを考えることが楽

≪漢字先生≫。子どもの作品

しいのでしょう。

　高学年でも朝自習の時間を使って≪漢字先生≫をやってみると、顕著な変化が現れました。習った漢字を作文や日記に使おうとする子が増えたのです。漢字テストでも、思い出せない漢字を、「あの字は確か、佐藤君がやった字だよな。ヘルメットを持って来たんだよな。そうだ！　わかった！　安は女って字があったよ」と連想しながら、字を思い出していたのです。

　私たちの記憶には、「意味記憶」と「エピソード記憶」があると言われますが、この２つが一緒になったのが≪漢字先生≫だったのです。

　「≪漢字先生≫が楽しいから、このクラスでもやってください」と新学年の担任の先生に頼んでやってもらっている子たちもいます。低学年といえども、自分で調べてみんなに伝える、自分で考えて問題を出しながら「先生」になって伝えるということはできるし、喜びなのです。"学ぶ主体は、子ども自身"だと改めて教えられました。

　全く文字に興味がなかったかな子さんが、「『漢字が面白い』と小さな辞典をいつも眺め出した」と、お母さんからのお便りにありました。小さな辞典持ちは、やがて教室で流行になったのです。≪漢字先生≫で「漢字を使うことが楽しくなった」という子が増えました。

≪漢字先生≫から「点字探検」へ

　２年生のこう君は、「点」という字を担当しました。

家族のみんなに相談して考えた末、ビールの缶を持って来て≪漢字先生≫になりました。ヒントはビールの缶ブタにある点字だったのでちょっと難しかったのですが、この漢字を学習した次の日、≪朝の発表≫で「点字発見、電話ボックスにあったよ」と美津子さんが報告。すると、様々な点字が次々に報告されました。

ポストや自販機はもちろん、家庭電化製品のスイッチについている点字も見つけてきました。やがて、「点字も字なんだから、何て書いてあるのか知りたい」と、4年生のお姉ちゃんの国語教科書を借りてくる子や、図書館で点字を調べて報告する子も出てきて、2年生の教室はしばらく点字ブームになったのです。

ある子が「20年前の洗濯機にはついていなかったけれど、いまの洗濯機には点字があったよ」と報告すると、「前はなかったけど、いまはゲームの説明にも点字があるよ」と別の子が報告。「駅の周りには点字がついているものがいっぱいあったよ。ぼくたち3人で行ったんだ」と楽しそうに報告したのは、あまり友だちがいない男の子でした。この時、たまたま友だちに誘われて一緒に駅に行って「点字探検」をしたのですが、そのついでにみんなと遊ぶことができたのは、彼にとって大きな出来事になりました。

子どもたちは漢字をただ書いて覚えるだけではなく、漢字の意味や使われ方を実際に体験することができました。学習が教室を飛び出す時、子どもたちは学びの世界を広げただけでなく、友だちとつながる世界も広げようとしていたのです。

★2 ミミズからブドウ、そしてパンへ ──総合学習に発展──

1 ミミズと土をじっくり観察 ──3年生──

始まりは≪朝の発表≫ミミズの報告 ──3年生──

4月のある朝、3年生の浩君が≪朝の発表≫で「ミミズがいる庭はいい

花が咲く」と紹介し、教室で話題になりました。

「これは、おばあちゃんが庭で作っている花です。おばあちゃんは野菜も作っています。『きれいな花やいい野菜は、土が良くないとダメだよ』とおばあちゃんは言っていました。『ミミズがいる土は、いい土だ』って言いました」

みんな興味津々(しんしん)で質問します。

「いい色の花ですね。うちは団地なので、畑を借りてお母さんが花を育てています」「どうしてミミズがいると、いい土なのですか？」「2年の時、先生も『ミミズがいると、ミミズがいいウンコしていい土ができる』って言っていたよ」「本当なの？　ミミズって気持ち悪いよ！」「ミミズって、ウンコするんだぁ。でも、何食べるの？」

ミミズにさわれない子が何人もいますが、子どもたちの疑問は「ミミズがいると、本当にいい土なのか？」ということでした。この「問い」をみんなで考えることにしました。3年生は、理科の学習で植物の種を蒔(ま)いてその成長について学習します。種を蒔く前に、土について学習してみることにしたのです。

ミミズのいる土といない土を比べる

「ミミズは、葉っぱの腐ったものを食べてウンコして、それが花の栄養になるんだって！」

ミミズを図鑑で見てきた浩君が言いました。そこで、ミミズが入っている土と、ミミズがいない土が入ったプランターを用意し、家から持ち寄った生ゴミを入れて変化を見ました。

1か月後、比べてみました。輸入物のグレープフルーツの皮は、どちらの土の中にも残っています。でも、野菜クズや魚の骨は、違っていました！ミミズ無しの土の方には残っていて、ミミズ入りの土には全く見当たらなかったのです。野菜クズや魚の骨は、どこに行ったのでしょう？

「やっぱりミミズが食べたのかもしれない。でも、ミミズがいない方の土でも野菜クズは減っているよ！　どうしたのかな？」

と、疑問だらけです。浩君は、「やっぱり、ミミズが食べたんだよ」と得意顔です。子どもたちの疑問は、土の観察で解き明かされました。

「土の中に小さい虫がいる！」「あっ！　いろんなのがいっぱいいる！」

土に水を入れてろ過してその水を調べてみると、何か動いているのが見えました。顕微鏡で見るとさらに小さい生き物たちがたくさんいました。分解者の微生物たちです。絵本『のにっき』『つちらんど』（共に、アリス館）も見ながら、「土の中にはいろいろな生き物たちがいて、分解して土に返している」ことを知り、子どもたちは驚きました。

「本当に野菜がよく育つのは、ミミズ入りの土なのか」。確かめたくなった子どもたち。みんなで赤カブを育ててみることにしました。結果は、歴然とした差がありました。生ゴミとミミズ入りの土には見事な赤カブが育っていましたが、何も入っていない土だけで育てた赤カブはやせて、丸いカブにはなりませんでした。

土にいる微生物との出会い・驚きは、さらにブドウの酵母との出会いにつながっていきました。

2 ブドウ〜酵母（こうぼ）〜パン作りへ
―― 地域の素敵な大人との出会い ――

ブドウ作りを体感

「総合的な学習の時間」が始まる前のこと。社会科の地域探検で発見したブドウ農家に子どもたちは興

味を持ち、農家の協力で総合学習「ブドウ」をすることにしました。

　花が咲く５月から、剪定・袋かけ等の作業をやらせてもらい、９月に一人１kgの「ベリーＡ」を収穫しました。ずっしりと重いブドウを手にした子どもたちは、水彩で絵を描き、ブドウの皮で染色もしました。

酵母がつないだブドウとパン

　子どもたちがブドウ農家に行っていることを知った地域のパン屋さんから、

　「先生、ブドウの皮から酵母を取って、子どもたちにパン作りをさせませんか？」

と誘われました。94ページでも紹介した竹井ますみさんです。みんながよく利用しているパン屋さんで、天然酵母でパンを作っているのです。子どもたちに話すと「やってみたい」というので、夏休みに希望制でパン作りを体験させてもらいました。この体験から、酵母に興味が出てきた子や親たちがいたので、２学期に竹井さんの指導の下、干しブドウ作りをして酵母を取ってみることにしたのです。

　自分たちが収穫したブドウを日に干し、さらに乾燥させて、酵母を取りました。この酵母にえさとなる水と砂糖を加え、ランチルームの机の下でビニールを張って温度を一定に保ち、培養しました（３年生の子どもたちがみんなで交代しながら１週間）。ポコポコと発酵する液体を見て不思議がる子どもたち。

　いよいよパン作りに挑戦です。夏休みにパン作り体験をした子どもたちが多かったので、天然酵母のパン（ピザ生地）はふっくらでき上がりました。常温発酵でパンを作った経験のないお母さんたちもたくさん参加し、ブドウはパンへとつながっていったのです。

　ブドウの収穫体験から酵母、パン作りへと発展した学習は、その後上尾市（埼玉県）のブドウ農家や山梨県のブドウ農家、ワイナリーへもつながりながら調べる学習へと進んでいきました。そして、もう一つの大切な学びは、「目に見えない微生物の世界」とつながったことでした。

菌と共に生きる──見えない世界とつながる──

「私たちは、菌と一緒に生きている」──竹井さんから大切なことを学びました。

「除菌、滅菌をしてはいけません。私たちは菌と共に生きているのですから」というメッセージは3年生には少し難しいことでしたが、

「日本には、味噌、醤油、糠漬け、納豆、鮒鮨など発酵食品が昔からたくさんあるけど、発酵菌は体にいい菌で酵母も同じだよ」

という内容は、酵母を育てた3年生の子どもたちにもよくわかったようでした。

ミミズと土を実感していた子どもたちは、土にも空気中にも、目には見えないけれどたくさんの菌がいること、私たちは菌と共に生きていることだけは理解できたようです。

浩君のこだわりのミミズが、ブドウを通してパンとつながり、目に見えない生き物たちの世界と私たちが共に生きていることを教えてくれたのでした。子どもの生活の中から生まれた小さなつぶやきは、共同で学ぶことによって大きな世界とつながったのです。

3 落ち葉の発酵を五感で知る

　「『ブドウ研究』を２年生に伝えよう」と発表会を準備していた12月。今度は、よく日の当たる教室のベランダに、大きなビニール袋いっぱいに落ち葉を集めて、糠と生ゴミを入れました（これも竹井さんから教わりました）。

　数週間後、発酵した落ち葉の温度は50℃近くにもなっていました。外の温度は5℃と寒いのに、落ち葉の入ったビニール袋に手を入れると熱いのです。

　子どもたちと、袋の外から聴診器を当ててみました。静かに聴いていると、ポコポコという発酵の音？が聞こえてきました。ベランダの日だまりの中で、次々に聴診器を回して聴く子どもたち。思わず「すごい！　落ち

子どもの作品。ブドウの芽摘み・5月23日

子どもの作品。パン作り・10月19日

葉の中で音が聞こえる！」「この袋、あったかい！」と歓声が上がりました。

　3月、「土が大切」と実感した子どもたちは、この発酵した落ち葉を次の学年のために学校園に敷き込みました。

　芽吹き前の雨上がりの日に、今度は聴診器をケヤキの木の幹に当ててみました。周りがうるさいので、なかなか聴き取るのは大変でしたが、じっと目をつぶり耳を澄ませると、校庭の一本の木の幹から水を吸い上げる音がかすかに聞こえました。どこかあの発酵の音に似ています。耳を澄ませて発酵する音を聴き、樹木が水を吸い上げる音に耳を傾けた子どもたちは、目に見えない世界を想像しながら体で感じ取っていました。

　子どもの生活から出発した驚きや疑問から、クラスの仲間や地域の大人たちとつながり、本物と出会うことができたのです。そして、「生き物はつながりの中で生きている」ことも3年生なりに実感していました。一人の小さな「問い」やこだわり・興味が、交流され教室全体に広がり、やがて大きな「学び」になっていく。学びの世界は、つながりの中で豊かになっていくのです。

４ 子ども自身が学びの主体となる学習観を

　遊びながら「問い」を持ち、「問い」を解決するためにどうしたらよいのかを考えることで、さらに学びの世界は広がります。疑問が出てきた時、わからない時にどうしたらわかるようになるのか、解き明かす方法・手立てを考えること、疑問を持ち続けるための意欲――これらは、低学年から必要で重要な学習であり、学習観を育てることにもなります。すぐに結果を出す、結果を暗記する学習観ではありません。自らが学びの主体となる学習観です。

「日本型学力」とは？

　船越勝氏は「日本型学力」の特徴を5点あげています（『生活教育』2011.12・生活ジャーナル社）。

> ①「できる」けれどすぐに忘れる。
> ②「できる」けど、なぜ、「できる」かが「わからない」。
> ③「できる」けど、勉強は嫌い。
> ④「できる」けど、自信がない、自分が嫌い。
> ⑤「できる」けど、周りの社会や世界に対する関心はない。

　この「日本型学力」を超える学びを創るために重要なポイントは、子どもたち一人ひとりの「なぜ？　どうして？」のつぶやきを共有し、仲間と共に一緒に解き明かすことにつなげることではないかと思います。

❸ 雑木林を切らないで！── 行政を動かした子どもたち──

① 正君たちの思いが行政を動かした

正君は虫博士

　「先生、お願いがあります。ぼくはもっと遊びたいのにお母さんは『塾へ行け』ってうるさいのです。今度の懇談会でお母さんに言ってください。ぼくは剣道だけでも大変で遊べないのです。塾に行くより遊びたいのです。お願いします」

　正君が５年生の６月、日記に書いてきました。翌日も同じ内容を訴えてきたので、彼にとってはかなり重大なことのようでした。

　"虫博士"の正君は、「においで虫の居場所がわかる」のです。田んぼにいるホウネンエビやカブトエビ、ゴミ虫の仲間やハムスターを持って来ては、「教室で飼いたい」と言います。

　ある日、正君は仲間の男子数人と３時間目の授業に遅刻して、コソコソと入ってきました。大きな水槽を抱えて泥だらけです。神妙そうな顔はしていましたが、みんな何となくうれしそうです。水槽にはカブトムシやクワガタの幼虫がおり、手には細いタケノコや小さな芽を出したドングリ

算数授業中の著者。本文とは関係ありません

を持っていました。

「先生、遅れたのは悪いけど、すごいんだよ、あの雑木林は。いっぱい幼虫や虫がいるんだ。いい木も土もあるよ。少しだけとってきたから教室で飼おうよ」

遅刻する時は必ず幼虫や腐葉土（ふようど）の入った水槽を抱えていた正君たち。フェンスで仕切られた、学校に隣接する雑木林での虫捕りや幼虫探しに夢中なのです。この雑木林は立ち入り禁止でしたが、秋にはドングリやアケビを採ってきたり、朽ち木に登ったり、つるにぶら下がったりと、いつの間にか子どもたちの遊び場の一つになっていたのでした（教師にも、タラの芽やワラビを採ったり、竹を切って利用したりしている人もいました）。

雑木林を切らないで！

正君たちが6年生になった5月のある朝、突然の話が舞い込みました。

隣接する雑木林が大石小学校の校地の一部になり、飼育小屋を置くこと等が突然伝えられたのです。職員から反対意見も出ましたが、「もう、

市で決められ、予算化されているので」と言うのです。

子どもたちに伝えると、正君たちは校長先生に「雑木林を切らないで欲しい」と頼みに行きましたが、返事は同じでした。

子どもたちの案内で雑木林の中に入ると、目の前を1メートル以上もあるヘビが横切りました。カブトムシの幼虫が朽ち木の下に数十匹。アカマツの倒木が朽ちて土にかえる姿も見られるそこは、自然の博物館でした。

市役所への手紙

あきらめきれない正君は、いつもの仲間と今度は市役所あてに手紙を書きました。

> 雑木林は生き物がいっぱいいます。切らないでください。
> 飼育小屋は他の所に作ってください。お願いします。

教室では、5年生の時から「いつでも、どこでも、誰とでも」どんなことでも「わからないことは、見て、聞いて、調べる」を合言葉に、『**見る、聞く、調べる探検隊**』を組織していたので、市役所に手紙を書くことは自然のことでした。

数日後、市役所から総務課長と工事関係者が子どもたちに会いにやってきました。緊張しながら、ただ「雑木林は切らないでください」と懸命に訴える正君たちに、市の担当課長から提案がありました。

「君たちの気持ちはわかったから、あの雑木林が学校のものになった時、みんなが安全に使えるように考えてプランを出して、先生たちとよく話し合ってまとめてください」

「雑木林」が子どもたちの学習の課題になったのです。正君たちの提案で始まった「雑木林」問題は、学級会で討論を重ね、みんなの課題として「学習しながら考えていく」ことになりました。

"どうする雑木林"がみんなの問題になった背景には、恵理さんや由紀さんの問題意識も影響していたに違いありません。二人は地域に住む生

態系保護協会の人を訪ね、「サンコウチョウの来る大石地域の豊かな自然」について探検していたのです。しかし、この時点ではまだ子どもたちの問題意識は、個々バラバラのものだったのです。

2 調査・討論して決めた雑木林の活用プラン

グループごとにテーマを決めて調査し、学び合う

討論会では自分の意見の論拠になる資料を示しながら発言するので、学習の場でもありました。5年生の社会科で学んだ熱帯雨林の破壊の問題は、子どもたちにとっても決して遠い出来事ではなく、身近な地域の問題でした。

"どうする雑木林"学習は、子どもたち一人ひとりが知りたいこと、調べたいことを出してからグループでテーマを作りました。

①雑木林の生き物
②雑木林の植物
③表土について
④ビオトープについて
⑤雑木林の地図作成
⑥雑木林の実態
⑦雑木林を持っている学校
⑧ビオトープのある学校
⑨ウサギ小屋調査とウサギの避妊

「雑木林の生き物グループ」は、正君が中心になってカメラを片手に雑木林に生息する生き物を調べ、アオダイショウやカミキリムシ、シデムシなどを写真に収めてきました。「植物グループ」は、2名の男子が他校の植物に詳しい先生を呼んで一緒に雑木林に調査に入り、約120種類の植物をスライドにしてきました。焚き火の跡には帰化植物のヨウシュヤマゴボウばかり生えていること、野生のワラビやタラノキがあるのにビックリしたようです。「ビオトープ」「表土」グループは本で調べ、「雑木林の実態」グループは、生態系保護協会の人と一緒に雑木林に入って「林の役割」を聞き、「あちこちに焚き火の跡があるこの林は、人が入って荒らしすぎて、瀕死の状態である」と教えてもらい、まとめました。「ビオトープのある学校」グループは市内2校と県内の学校に様子を聞き、写真を撮ってきました。「雑木林のある学校」グループは和光鶴川小学校に手紙を書き、どんなふうに雑木林を利用しているのか聞いて模造紙にまとめました。

2時間続いた討論——"3つのゾーン"の提案——

　正君の「雑木林はできるだけ切らないほうがいい」という意見から始まり、子どもたちの討論会は2時間も続きました。自分たちが調べてきたことを念頭に、違う視点で資料を集めてきた友だちの発言を聞きながら子どもたちは考え、ついに結論を出したのです。

　討論会の結論は、「観察のゾーン、収穫のゾーン、遊びのゾーンを作る」こと、「飼育小屋は他の所に作る」ことです。さらに5・6年生全員にアンケートを取り、結果をまとめて校長先生に提出しました。討論会後のある子どもの感想です。

> 今日の討論会でみんなだいたい木を残すように判断し賛成した。切り株の根っこを取るか残すかは賛成反対に分かれた。私にもこの問題はわからない。木に突っかかりけがすることもあるからとったほうがいいというのもわかるけど、とるとき土も一緒になくなるからこういうことを私はどう考えたらいいのかと思った。

> 池や巣箱を作るのはいいが、池を掘った土はどうなるのかと思った。何年もかかってできる土をめちゃくちゃにされるのはいやだと思った。学校の雑木林なので、みんなで考えるためにアンケートをとるのはいい方法だと思った。私は討論して自然のことはやっぱり難しいなと思ったし、自然を守るのは大変だと思った。

　学校の勉強では、答えが必ずあって「はやく答えられることがいいことだ」と子どもたちの多くは考えています。しかし、現実問題ではすぐに答えが出せないことも多いのです。子どもたちの感想を読みながら思いました。重要なのは、こうした問題にまっすぐに向かい合うこと、問題意識を自分の中に持ち続けることなのではないかと。

　夏休み明け、子どもたちのプランが取り入れられて雑木林の工事が始まりました。想像以上に表土が削り取られ、木の根が掘り起こされてしまった雑木林を見て、子どもたちはがっかりしていましたが、それでも確かなものを感じ取っているようでした。サワサワと風にゆれる林を見上げて正君はつぶやきました。

「ぼくらが生きている間には、ここの表土は元のようにはならない」

　この後、子どもたちは雑木林の俳句を作りました。

> 満月や　雑木林は　虫の宿
> 工事後の　木の幹にも　クワガタが
> 春一番　木の芽ついばむ　野鳥たち

　≪俳句探検≫で地域の俳句の会の人たちに出会った子どもたちは、折にふれて俳句絵日記を書いていたのです。

　子どもたちの自然への関心は高く、正君と弘也君はその後、地域の生態系保護協会が主催するオオタカの観察会へ出かけ、麻衣子さんと香織さんは学区を流れる鴨川の水質検査に取り組み、≪朝の発表≫で結果を報告してくれました。そんな子どもたちの姿を見ながら"雑木林学習"をこ

 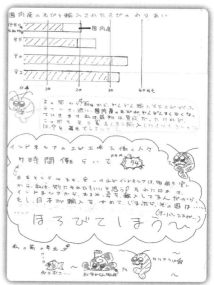

子どもが作った絵本『ブナの森は緑のダム』

のままで終わらせてはならないと思ったのです。

③「ブナの森は緑のダム」を学ぶ ── 6年生・国語 ──

　正君たち6年生の卒業直前、国語で説明文「ブナの森は緑のダム」(国語6年下・日本書籍)に取り組むことにしました。言語から想像した自分たちの考えを出し合い、図鑑や辞書を駆使しながら討論で深めていった授業だったので、子どもたちは楽しみながら学習を進め、とうとう一人一冊の絵本を作り上げました。

　最後の感想に、私立中学を目指して受験勉強していた由紀さんは、次のように述べています。

> 雑木林の時もそうだけど、自然ってとても大切なんだなあとつくづく思いました。最近は、小さいころ遊んでいた梅林や空き地の草原もなくなってどんどん家がたっています。（中略）私は雑木林って虫がいて嫌だし、自分はどうせ入らないし、どうなったって関係ないってバカなことを考えていたけどいまは大切にしなければいけないという考えでいっぱいです。自然って感動することいっぱいあるんです。（こもれび）とか（落ち葉を踏みしめた音）とか……。
> このブナの学習では、思ったことがたくさん言えてやっぱり学校はいいなと思いました。この話は私の考え方を変えさせてくれました。いい本に出あえたと思っています。卒業前にみんなで雑木林に入って遊ぶのが楽しみです。そして、20歳になったときここでみんなと出会うのも楽しみです。

また、暁さんは次のような感想を書いていました。

> 私はこの学習をして本当によかったと思っています。（中略）表土に蓄えられた水は雑木林に入ると実感です。校庭に水たまりができる大雨の日でも、雑木林の中は決して水たまりにはなっていないのです。踏んでみると大して水も出ません。この表土ができるのに何百年もかかるというのは勉強して初めてわかりました。（後略）

　一部の虫好き男子が教室に持ち込み、「雑木林が切られる」からと校長や行政に働きかけ、長時間の討論を経て、全員でテーマを決めて調べ、様々な角度から検討し合って結論を出した教材"どうする雑木林"。一人ひとりに様々なものを残したのでした。

④子どもが主人公の"学び"とは……

子どもが求めている"学び"とは……

　これは、文部科学省が「総合的学習の時間」を提起する以前の1996年度の実践です。「環境教育をやろう」「総合学習をやろう」と考えていたわけではありません。「子どもたちを学習の主人公に」という思いで教科学習を創り発展させていった結果、子どもたちから教室に教材が持ち込まれたのです。

　子どもたちの熱心な取り組みを見るにつけ、子どもが求めているのは、自分が「学びの主人公」になることができる"学び"であり、生活の中で感じた"小さな問い"を仲間と共に探求する学びではないかと思います。

　生活の中の"小さな問い"は、現代的な課題を内包していることが多々あります。生活の中の問題は、現代を生きる大きな課題と結びついているのです。子どもたちの「問い」に始まる"学び"は、「主権者を育てる」学びにつながります。

　いまの学校の教育内容や方法は、子どもが学びたいと思う内容や学び方とは言えません。むしろ、「苦役的学習」になっていると言えます。これを変えるために必要なことは、子どもの「問い」を引き出し、その問いを大切に育むことです。子どもたちの「**参加型の学習**」、一人ひとりの興味や関心を大切にしながら仲間と学び合って深める「**学習の共同**」、「**競争のためでない『共生』の学び**」を作っていくことが、いまこそ求められているのです。

6年後——再び「雑木林を切らないで！」——

　大学生になったばかりの正さんから突然の電話がありました。
「先生、あの『雑木林』の時の資料ありますか？　昆虫研究がしたいので、もう一度ＡＯ入試で受験し直したい。当時の資料が必要なのです」と言うのです。保管していた資料を見に来た正さんとは、6年ぶりの再会です。

ちょうどこの時、あの「雑木林」に新たな問題が持ち上がっていました。今度は市が、子どもたちがせっかく残した雑木林を全部切って、「学童保育所を建てる」と言うのです。学童保育所の増設は、地域や父母の要求です。みんな「雑木林は切らない方がいい」という思いはあっても、正さんの思いほどには強くないのも現実でした。

　正さんは、また動き出しました。6年生の時のクラスメイトに声をかけたものの、大学生になった仲間たちは中々急に集合できません。緊急を要したため、要望書を急いで書き上げ、市への働きかけは地域の議員さんと正さんで行うことになりました。行ってみると当時の課長さんにも会うことができ、正さんの訴えは実ったのです。正さんが指定する木の伐採や伐根をして、公設民営の学童保育所が雑木林の一角に建設されました。

　その後、正さんは大学で昆虫を研究する傍ら、学童保育所の指導員としてアルバイトをし、いまは木を素材に昆虫細工をしています。学童保育所の子どもたちに昆虫や木のことを教えながら、当時の仲間と一緒に子どもたちの放課後の生活を支える仕事をしているのです。

　正さんは、言います。

　「先生とはいろいろな楽しい勉強をいっぱいやったけど、忘れられないのは、『雑木林』の学習だよ。自分が一番考えたいこと、知りたいことをみんなで勉強できたからね」

　地域で育ち生活していく子どもたちが、自分の住んでいる地域の問題を、自分の生活や遊びを窓口にして考え、学びの課題にしていったことは、とても大きなことだったのです。「地球規模で考え、地域で行動する」、そんな一人の市民に育ちゆくために大切にしなければならないことを、正さんは教えてくれました。そのために私たちが、どんな価値観を持ってどう生きていくのかが問われていると思います。

● 小さな「問い」を大きな「学び」に育てよう

★❹ 教室を飛び出す算数が楽しい！
── 生活と仲間を結ぶ算数──

1 トイレットペーパーのひみつ ── 3年生──

「オムツの取り替え問題」から広まった問題作り

　算数の学習の終わりには、理解を広げ深めるための問題作りや探検、レポート作りをしています。「数と計算」では問題作りを、「量と測定」の単元ではレポート作りをするのですが、理解が不十分な子もこうした取り組みの中で克服してしまうことが多々ありました。

　3年生「2位数×2位数」の学習が終わるころ。一人の子が、≪朝の発表≫で算数の問題を披露しました。毎日妹のオムツを取り替えている母親を見て、「**お母さんは3人の子どもを育てるのに、何回オムツを取り替えたか**」を計算して発表したのです。これに影響されて、子どもたちは生活の中から次々と問題を考えてきました。

　「1年間お母さんに命令される回数」「お母さんのメール代」「お父さんの労働時間」等の問題の中に、「一年間使うトイレットペーパーの使用量」という問題がありました。この問題が一番人気だったので、みんなが作ってきた問題を解いた後、「一人ひとりがどれくらいトイレットペーパーを

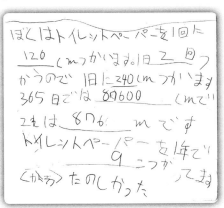

「ぼくはトイレットペーパーを1回に＿＿cmつかいます。1日＿＿回つかうので、1日に＿＿cmつかいます。365日では＿＿cmで、これは＿＿mです。トイレットペーパーを1年で＿＿こ　つかってます」

子どもが考えたトイレットペーパー問題

121

使っているか」、計算で出してみることにしました。

算数からトイレットペーパー探検へ

　子どもたちは早速トイレに出かけ、自分の1回分のペーパーを切り取って長さを測り、1日にトイレに行く回数をかけると1日の使用量が出てきます。これに1年365日をかけて長さを出し、メートルに直して何巻きになるかを計算するのです（1巻き100mで計算）。

　多い子で年間50巻き近く使っていることがわかり驚いていた子どもたち。さらに日本人男子1日平均3m、女性1日14mも使っていること、日本だけで1日地球24周ものトイレットペーパーを使っていることを知ると、驚きは次第に興味に広がっていきました。

　それぞれの家庭で使っているトイレットペーパーを持ち寄ってみると、色も手触りも違い、「古紙」「再生紙」「パルプ100％」「牛乳パック再生紙」等と、表示も違います。子どもたちの疑問は広がるばかりです。

　そこに、休みがちで学習道具の忘れ物も多い良さんが、≪朝の発表≫で違う視点を持ち込んでくれました。「トイレットペーパーは水に溶けるけど、ティッシュペーパーは水に溶けない」ことを自分で実験して確かめ、発表しました。さらに「ネコのトイレ砂も、水に溶けるって書いてあったよ」と、「ネコのトイレの砂」を学校に持って来て、水に溶かす実験をみんなに見せてくれたのです。

　子どもたちに新しい疑問が生まれ、次の学習を始め出しました。

　🌀古紙ってなあに？　何が古いの？　🌀再生紙とパルプ100％どう違うの？　🌀パルプはどこから来るの？　🌀世界の他の国は、どんなトイレットペーパーを使っているの？　🌀牛乳パックからどうやって作るの？　🌀牛乳パックのリサイクルは誰がやっているの？　🌀ティッシュペーパーとどう違うの？　🌀使ったトイレットペーパーはどこへ行くの？　🌀いつからトイレットペーパーは使われているの？

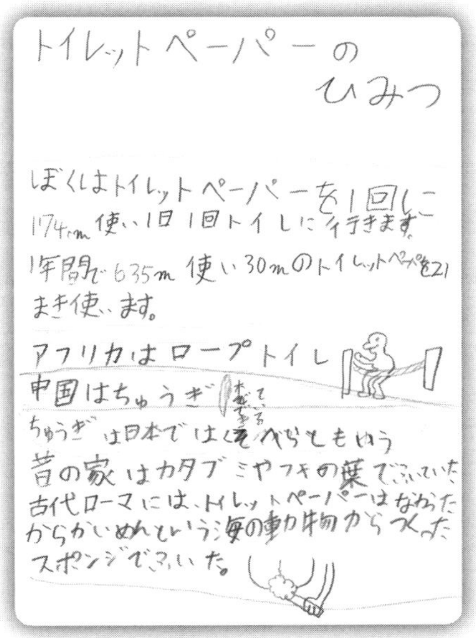

子どもたちは連れ立って図書館や市役所に出かけ、製紙会社や日本製紙連合会に手紙を書き、インターネットで調べ、教室に本や資料をたくさん持ち込みました。工場から返事やパンフが届くと、子どもたちの意欲も一段と弾（はず）みがつき、「よかったら見学に来てください。案内します」という工場からの誘いに、親たちと数人で、休日に埼玉県唯一の再生紙トイレットペーパー工場に出かけた子もいました。

子どもが調べて作った「トイレの絵本」

「石でおしりをふく国もあるんだよ」

「お父さんがロシアに行ったら、使ったペーパーがトイレに置いてあって臭かったって言っていたよ」

「どうして、日本のトイレの近くには植え込みがあるかわかる？」

「紙はパルプから作っているんだから、トイレットペーパーは無駄に使えないね」

「うちの牛乳パックもちゃんとリサイクルするんだ」

といった会話を朝や休み時間にしていた子どもたちは、いつの間にか「トイレ」にも詳しくなっていました。多くの子は、調べたことをもとに絵本を作りました。

「算数は得意じゃない」と言う美紗さんが感想を書きました。

> 算数の勉強からトイレ？って、はじめはなんだかへんな気がしていました。でも、計算すると毎日使っていてかんじなかったけど

> すごく使っているのでびっくりしました。うちは女が四人なので家族全部ではすごい量です。算数でかけ算してはじめてわかりました。かけ算がこんなことにつかえるので、算数もほんとはおもしろいんだとおもいました。図書館にいって調べてみるといろんな国でいろんなふき方があるのでこれもびっくりしました。

　算数の学びも、教室の中にだけとどめておいてはなりません。子どもの学びは教室を飛び出しながら、現実の世界と自分の学びのつながりを知り、実感のある豊かなものへと広がっていくのです。自分たちで調べて学ぶことの面白さや意味をつかんだ子は、自ら「学びのバイパス」を開き、意欲を持って主体的に学ぶことができるようになるのです。

②1000㎤ないよ！　牛乳パックの不思議発見！
―― 5年生 ――

　5年生の舞さんが、≪朝の発表≫（141ページ）に1L（リットル）の牛乳パックを持ってきました。
　「昨日、算数の宿題で自分の家の風呂にどれだけの水が入るのかを調べたのですが、牛乳パックだと何本分なのかなぁって調べていたら、おかしなことに気がつきました。1L入りの牛乳パックは1000㎤ありません。私たちは、だまされているんです」
　縦・横・高さを測ると7×7×19.6㎝です。確かに960.4㎤しかありません。子どもたちがざわめいていると、剛君が
　「本当にだまされているのかどうかは、水を入れて確かめてから言ったほうがいい」
と言い出したので、早速、1L升1杯分の水を入れてみると……、入ったのです！　上を1㎝ほど空けて。一番驚いたのは舞さんです。
　「えーっ！　本当だ。ちゃんと真ん中が水の重みでふくらんでいる！1000㎤無いのに、1000mL（ミリリットル）入るんだ！」

それを聞いて、華さんは言いました。
「どうしてこの大きさにしたのか調べてみたい！」
友だちの発表が華さんの興味・関心に火をつけ、新たな「問い」を引き出したのです。舞さんと華さんはパックを製造している製紙会社に手紙を書いて、この大きさに決定した歴史的経過を調べ、≪朝の発表≫で報告しました。
「ちゃんと、計算してこの大きさに決定したっていうから、人間の知恵ってすごい！」
華さんの実感のこもった感想でした。
実は、沖縄県の牛乳パックは946 mL(ミリリットル)入りなのです。知っていましたか？　この秘密も違う学年を担任した時に一人の子が≪朝の発表≫で教えてくれました。1/4ガロン入りの沖縄県のパックは、沖縄県が置かれている歴史と現状に深い関係があったのです。ガロンはアメリカで日常的に使用されている液量の単位なのです。
教科学習と自由発表の≪朝の発表≫が結びついた時、子どもたちの学びはさらに豊かに広がって仲間とつながり、新しい「問い」へとつながることにもなるのです。

③ 液量の学びも体験で

L(リットル) 探検！

液量の授業が終わった後、「みんなの周りでL(リットル)がどこにあるのか、見つけてこよう。"L(リットル) 探検"だよ」と２年生の子どもたちに声をかけました。
「薬のビンにmL(ミリリットル)って書いてあったよ」
「うちのママのお店のビンにcLってあったよ。外国のウイスキーってママが言っていたけど、『75cLって何？』って聞いたら、ママがわかんないって」
「海苔(のり)の入れ物にもmL(ミリリットル)ってあったよ」
「タンクローリーがガソリンスタンドに止まっていて、kLってあった」

子どもたちは次々に見つけてきました。もちろん「台所や、スナックをやっているママのお店やリビングや教室にもあるから、おうちの人と見つけてきてね」とヒントも出しましたが……。
　洋君は中々調べてきません。すぐに暴力で解決しようとする落ち着きのない子でしたが、ある日面白い物を見つけてきました。
「先生、変な物を見つけてきた。オレんちの冷蔵庫さ、水なんか入っていないのに L（リットル）が書いてあった。変だよ。ゴミ箱にも書いてあるよ。何で？」
「先生もわからないから、電気屋さんに行って聞いてみたらどう？」
と言うと、放課後友だちと連れ立って早速電気屋さんに出かけ、「容積」を教えてもらってきました。2年生にはちょっと難し過ぎたようでしたが、ついでに掃除を手伝ってきたことを楽しそうに報告していました。

　洋君たちのクラスは、他にも課題を抱える子がたくさんいました。多動傾向の子、「わからない、やりたくない」と騒ぐ男子、物言わぬおとなしい女子たち……。誰もが安心して生活できる教室にするために、自分の思いや考えを自由に出しながら興味を持って取り組める授業にするために、「どうすればいいのだろう？　どうしたら子どもたちが解き明かしたくなる課題が見つかるだろう？」と悩み、考える日々が続きました。

誰が一番たくさん飲んだかな？

　そんな7月のある日、算数「かさ」の学習でまた悩みました。「水を使うと落ち着かない子たちは水遊びになる、ゲームで競えば喧嘩（けんか）になる、教科書通りでは解き明かしたくなるような課題ではないし……」と考えていた時、休み時間が終わって「暑い！　オレすげえ水飲んじゃった」と洋君が教室に駆け込んで来ました。
　「そうだ！これだ！　『2年2組、誰が一番飲んだか』という問いにすれば、どの子も取り組める！」。そこで「誰が一番たくさん飲むかな？」と聞くことから授業に入りました。
　「オレ、ジュース毎日飲むからオレだよ」

早速、洋君が身を乗り出してきました。
「彰だよ。いつもみんなの牛乳ゲットしているから」
多動傾向で中々授業に参加できない彰君も自分の名前が出たので思わず授業に参加します。みんなでどうやって調べるのかを考え合って、約束事を決めました。

- 紙に書いておく。
- どんな物でも１ぱいずつコップで飲む。
- コップで何杯だったのか調べる。

次の日、子どもたちの結果を持ち寄ると、洋君が17杯で一番でしたが、
「残念でした。先生は84杯です」
と言うと、
「うそだあ。コップ見せて！」
と子どもたち。
おもむろにコーヒー用のミルク入れを取り出すと、
「ずるいよ！ 先生は小さいコップだから」
と大騒ぎです。
「長さの時と同じで、同じコップじゃないと比べられないよ」
と発言したのは洋君。「同じ物を使わないと比べられない」と主張する子どもたちは、ここで共通単位「デシリットル（dL）」を初めて学習しました。一人ひとりが１dL升を作って、いろいろな物の「かさ」を自分で実際に確かめながら学習を進めました。

「かさ」のたし算は、カルピスと水で

その後の「かさ」のたし算は、カルピスと水を使いました。
プールの後の５時間目という２年生にとって最悪の時間でしたが、暑さもプールの疲れも吹き飛ばす勢いの授業になっていきました。
「カルピス１dLと水４dLを合わせると、何dLになるか？」

簡単に、5 dL（デシリットル）の結論にならなかったのです。洋君が、
「カルピスは、消える！」
と発言したため、大討論になってしまったのです。洋君の賛成者がたくさん出る中、いつも大人しい女の子が、
「そんなはずはないから、カルピスと水を本当にたしてみたい。私は5 dL（デシリットル）になると思う」
と発言したのをきっかけに、みんなで意見を出し合い、実際に実験してみました。すると、ちゃんと5 dL（デシリットル）になりました。一件落着した後は感想を書いて、みんなでカルピスを飲んで授業が終わりましたが、凌君はこんな感想を書いていました。

> きょうは１かいしかはつげんしなかったけど、すごいじかんがはやかった

「時間が早い」と感じるほど、夢中になってみんなで考え合うことができた授業でした。

洋君は、その後も友だちへのパンチやイライラがなくなったわけではありません。しかし、みんなと考え合って「かさ」の秘密を見つけたことで学習に前向きになり、「まんざらでもない自分」を発見したのは間違いありませんでした。

洋君のがんばりは、お母さんに授業参観や懇談会に足を運ばせるようになりました。そして、どの子も「わかりたい、できるようになりたい」と願っていること、子どもの現実を見すえ、子どもの生活やどうしても解き明かしたくなる課題から学習を創れば、子どもたちは意欲を育て、自らの力で自分を拓（ひら）いていくのだということを確信させてくれました。

レポート作り

2年生の子どもたちにレポート作りを提案しました。
「世の中では、L（リットル）がどんなところに書いてあるのか、見つけてこよう。

見つけたら、書いて持ってきてね」
と画用紙をB5サイズに切ったものを一人ひとりに配ると、親たちも一緒になって子どもたちと探しながら"Ĺ探検"を始めたのです。

　教科の学習が私たちの生活や現実の世界とどのように結ばれているのか、レポートを書くことで算数の世界は広がりました。さらに子どもたちの「算数観」も変えることになったのです。
　「計算ができる。文章題を解く」という受け身の狭い算数、「できない、つまらない、使えない」算数から、生活と結び現実世界を算数の世界で読み解く算数、「問い」が広がり仲間と共に学ぶ算数へ——レポート作りや問題作りは、「観」をも変えていく可能性を持っているのです。

"長さ探検"をした時の子どものレポート。
掃除道具入れ1m80㎝、消しゴム5mm、写真立ての長さ32㎝……等いろんな発見をし、絵入りでレポート。最後にこんなことが書いてありました。
「3学期は何をするんですか？私はいろんなことをしたいです」

4 セシウム134と137?──そのヘーゼルナッツ、待った!──

単位当たり量「ベクレル」

2011年3月11日の東日本大震災は、地震・津波による甚大な被害と共に、福島第一原発の過酷な事故発生によって、これまでの大災害とは全く異なった深刻な課題を突きつけることになりました。原発依存のエネルギー政策でいいのか、原子炉の廃炉や放射線の除染等をどうするのかの問題です。こうした中で、毎日のように報道されたのが各地の放射線量です。いまは、国や自治体レベルだけでなく、学校や個人でも独自に放射線量を計測しているところも少なくありません。耳慣れなかった「ベクレル」や「シーベルト」という単位も、いまやすっかり馴染んでしまいました。

チェルノブイリ事故と子どもたちが、算数でつながった!

実は「ベクレル」という単位、いまから25年ほど前に、小学生の子どもたちが算数の授業を進める中で出会った単位でした。

チェルノブイリ原子力発電所4号炉の大爆発事故(1986年4月26日)から5年経った1991年、私が勤務していた上尾市内の小・中学校の全児童生徒に、1袋100gずつトルコ産のヘーゼルナッツが配られました。日本とトルコの友好百周年を記念して友好団体から届けられたものでしたが、私は、子どもたちの人数分を受け取ったもののすぐには配らずにいました。

そのころ、5年生の教室では「平均」に続いて「単位当たり量」の学習に入っていました。「単位当たり量」は、科学技術の進歩や社会生活の必要の結果生み出されてきた「量」です。自分たちの生活や社会、自然とのつながりを実感しながら学習できる面白い単元です。「量」として存在するにもかかわらず、学習指導要領では「異種の2量の割合」として扱うようになっていて「量」として扱っていないので、教科書通りに授業を進めると、意味の理解が不十分になり、「苦手」が多くなるところです。

現実に存在する「量」としてどんな学習を作っていこうかと考えながら、

「算数・数学で自然や社会を見る」という雑誌の特集記事を見た時、ある記事が目に飛び込んできました。
　「チェルノブイリ原発事故の影響で放射能汚染されたトルコ産のヘーゼルナッツ」
という記事です。学校で配られたヘーゼルナッツはトルコ産です。心配になりました。他の学校や学年ではヘーゼルナッツが配られたのに、自分たちには配られていないことに気づいていた子どもたちにこの記事の話をしました。
　「先生、ちゃんと調べてもらおうよ」
と言う子どもたちの声の後押しで、すぐにそのヘーゼルナッツを専門機関に依頼して調べてもらいました。数日後、調査報告書が届きました。このヘーゼルナッツから、自然界には存在することがないセシウム134と137が検出されたのです。
　「セシウム134が検出されたということは、原子炉から放出されたか、使用済み核燃料から出てきたものであることは確かだ」と指摘しつつ、「健康に与える影響はほとんど問題ない」という報告でした（福島の原発事故後も同じことが言われました）。しかし、放射線の被害を特に受けやすい子どもたちに配られたのです。内部被曝が心配になりました。このことは新聞でも取り上げられ、全市で全て回収されることになったのです。クラスの子が、この件について早速日記を書いてきました。

> 　今日、学校で配られるはずのトルコ産ヘーゼルナッツがチェルノブイリ原発事故で出た放射能におせんされていることがわかりました。みんなで言って調べてもらってよかったと思いました。私たちには配られなかったけど、配った学校もあったらしいです。放射線は5年前の事故だったのに、こんな小さなナッツにもついていたのでびっくりしました。わたしは、ナッツ以外の小麦や作物も放射線がついているのではないかと思いました。算数で「ヘーゼルナッツに放射線がついているかもしれない」といった

> 時、「えっ」って思ったけど調べてもらったら本当だったので調べてよかったと思いました。食べなくてよかったと思いました。算数で「単位当たり量」を勉強していたからわかったけど、知らなかったらこわかったと思った。

「算数・数学で社会や自然を見る」ということの意味、「学ぶことで健康や安全が守れる」ことを実感したようです。

5 「観」を育てる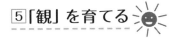

教師自身が問われる「観」

子どもたちの小さな「問い」が教室の仲間に広がった時、それは大きな「学び」となってさらに豊かな世界を広げることになりました。

算数とは「計算が早くできる」「文章題が解ける」ことだと考えていた子どもたちが、仲間と討論しながら解き明かし、問題作りやレポート作りをしながら自分の「問い」を地域や社会に広げて様々なヒト・モノ・コトに出会う中で、「観」が変わっていったのです。変わる・変えるきっかけの一歩は、何なのでしょう。

やはり、教師自身の「観」が問われているのではないでしょうか。どの子も「わかりたい、できるようになりたい」と願っています。その願いに応えるために教師自身に必要なことは、次の3つです。

> ①子どもの心の声である願いや思いを聴くことができる。
> ②「子ども自身が学びの主人公」だという自覚。
> ③仲間の中で子どもは育つことへの確信。

それは、「どの子も同じ学びの地平に立つ」という学習観・教材観に立ち、「間違いや失敗は"宝"だ」という価値観を、子どもや教師自身の財産にできることにつながるのです。

算数の授業づくりで大切にしたいこと

どの教科にも通じることですが、算数の具体的な授業づくりでは、次のことを大切にしたいと考えています。

> ①どの子も学びの主人公になれるように、「面白い、やってみたい」と思えるように、具体物や現実世界の課題を持ち込んだり、実際にやってみたりする"五感を働かせた学び"。
> ②「間違い」「わからない」も含めた、全ての子どもの考えが尊重される"討論の学び"。
> ③学んだことを、書き綴り、"表現交流する"こと。
> ④学んだことを、"問題作りやレポートで表現する"こと。

「算数は、現実の世界を数の世界で読み解き、処理して解決する学びなのだ」という「算数観」は、子どもたちの中に算数だけでなく豊かな「学習観」を育てるきっかけにもなりました。

> 知っていることがいっぱいなくてもいい。わからないことがいっぱいあっても恥ずかしくない。間違えることも恥ずかしいことじゃない。わからないのにわかったふりをしていることの方が恥ずかしいことだ。わからなければ調べればいい。聞けばいい。実際にたしかめればいい。

と、卒業を前にした遙さんは日記に書いていました。

子どもたちが様々な探検活動を始める前には、もちろん教師からの働きかけがあります。しかし、一度その面白さに魅せられると、子どもたちは仲間と共に自ら動き出すのです。それは、子どもたちの中に"モノの見方・考え方"と同時に、行動の仕方も含めた「観」を育てることにつながって

授業中の著者。本文とは関係ありません

いくのではないかと思っています。

　競争の中に置かれている私たちですが、「競争から共生」へ——その知性や感性を日々の生活の中から育てていくことは可能です。こうした中で子どもたちも自己多面視ができるようになり、自己や他者を大切にするようになるのではないかと考えています。

「円」の学習は、玉入れから

「円」の授業を、校庭で玉入れをすることから始めました。
「今日の算数は玉入れです。みなさん、外に出てください」。「算数で玉入れするの?」と、子どもたちは不思議そうに、でもワクワクしながら黄色い玉を2個ずつ手にして校庭に集合です。
「いまから玉入れをします」と言って直線を描き、子どもたちにまっすぐ横に並んでもらい、真ん中に籠を置きます。
「えっ! これじゃあダメだよ」「直線に並んだんじゃ不公平! 丸にしないと玉入れじゃない」

では! と丸を描いたものの籠はいい加減な場所にあります。すると、「籠までの距離がみんな違っちゃ不公平だから、同じにして欲しい」という意見がたくさん出ました。
そこで、籠の位置に私が立ち、私から3メートルの距離に一人ずつ立ってもらうことにしました。3メートルの巻尺の端を投げ、一人ひとりが自分のヘソに巻尺の端を当てて3メートルの距離を確かめたら、自分の足元に2個の玉を置くことにしました。こうして34人全員が玉を置くと……。
「あれ? 円になっている」「ほんとだ! 丸だ!」とどの子も言い始めたので、
「3階の教室からベランダに出て、校庭を眺めてごらん」

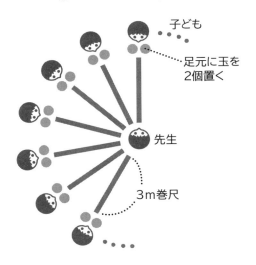

と言うと、みんな一目散に教室に走って行きました。すると一番先にベランダに出て来た子が突然大声で叫びました。

「オー、円はビューティフル！」

校庭には、黄色い68個の玉がきれいな円を描いて並んでいます。中心には籠、半径を示すように巻尺があります。「円とは、一つ点から同じ距離にある点をつないでできた図形」ということを実体験し、一目見ただけで理解したのです。「算数はわからない。苦手、めんどくさい」と言って逃げ腰だった子が、この日の感想を次のように書いていました。

> きょうのべんきう（勉強）はたのしかた（楽しかった）。たまいれの円がたのしかった。円はかごからみんながおなじところにたってできました。はんけいもたくさんありました。たまいれはかった。けんぞうが円はビーテフル（ビューティフル）ていて（言って）わらいました。またやりたいです。

〝体を使って学ぶ〟ことは、どの子も同じ学びの地平に立つことを保障するのです。

安心の居場所としての 教室をつくる工夫

　失敗や間違いは"宝"——そうなるためには、安心して間違えることができる関係、ありのままの自分でいられる場が大切です。小学校低学年でも「自分に自信が持てない」子が少なくないいま、"安心の居場所"としての学校・教室（学級）を作らなければなりません。子どもたちは、その安心の中で仲間と教科学習を含めた文化との出会いによって、豊かな子ども時代を築くことができるのです。

⭐ 大切な朝の「ひと時」の工夫

大切な"初めての出会い"——握手・プレゼント・遊び——

　4月、子どもたちとの出会い。「どんな子どもたちかな？」と顔を見るまでドキドキしますが、子どもたちはもっと期待と不安でいっぱいです。「どんな友だちと同じクラスになるのかな」「担任の先生は誰だろう。優しい先生だといいな」と。

　"出会いの日"を大切にしたいものです。どんなに時間がなくても、私が大切にしている出会い—それは、**出会いの日の握手と、子どもたち一人ひとりへのプレゼント**です。もう一つ、2年生以上の子には、初日に宿題を出します。**≪えつ子先生へのお願い≫**を書いてもらうのです。

　（かつては出会いの日にゲームや読みきかせ等いろいろしていましたが、近年は始業式が終わると挨拶もそこそこに急いで教科書やプリントを配ります。入学式が後に控えている学校も多いからです）。

　プレゼントは校庭に咲いている草花等です。1年生の入学式に校庭の桜が咲いていれば、桜の花びらを一片、握手の後に手のひらに載せてあげます。2・3年生の手にも野草（例えばナズナや菜の花）や種等を載せてあげます。このプレゼントは、お互いの手の温もりを感じながら、「みんなの通

学路や校庭で見つけることができるよ」と言って手渡します。

　入学式の後に、桜の木の下で花びらを拾って帰った親子が、次の日「親子でしおりを作りました」と入学の感動と共に書き添えた「しおり」を届けてくれたこともあります。野草や種を手渡した時は、早速次の日に「昨日、家の塀の近くに同じ草が生えていた」と届けられて、これが**≪朝の発表≫**（141ページ）につながることもあります。

　もう一つ、出会いの時から大切にしたいのは**遊び**です。出会いの翌日から「Ｓケン」「鬼遊び」等、体ごとぶつかり合える遊びを必ずやることにしています。そして、「仲間がいるっていいな、学ぶって楽しいな」「新しい友だちと一緒にがんばりたい」という実感を子どもたちと共に作り、学級開き・授業開きを始めていきます。学級の目標を決める前に、こうした体でふれ合う実感が大切ではないかと思っています。

　記念写真は、毎月同じ場所で撮りました。誰の隣で撮るのか、どんな表情をしているのか、子どもの成長や変化が見られるからです。

　初めての出会いの時は、明日からのスタートを切る大切な時なのです。

呼名プラス"ひと言"

　いま子どもたちの朝の生活は、とてもタイトです。短い朝の時間の中に「体力作り」「学力定着」「読書」の取り組みを行う学校が多くなったからです。登校後急いで体操着に着替えて朝マラソンが始まる学校、朝の挨拶が終わるとすぐにドリルや朝の読書をする学校等々。教師の朝も超多忙です。短時間の学年打ち合わせ後に教室に向かい、連絡帳や家庭学習に目を通し、学校からの配布物を渡しながら、今日の連絡をし、子どもの話を聞いたり……。「一人ひとりに目を配りたい」と思っていても、子どもとの朝の時間が取れなくなってきているのです。

　そんな超多忙で時間がない中でも、「一人ひとりの子どもが、どんな思いで登校して来たか」を知ることは、ちょっとした工夫で可能なのです。朝早くから通学路に立ったり、子どもの登校前から教室で待つ人もいますが、私はこんなことをしていました。

健康観察の呼名の時に、ひと言付け加えて発言してもらう≪呼名プラス"ひと言"≫です。

こんな感じです。健康観察の時に名前を呼ぶと、

「はい、元気です。今日スイミングの検定があります。ドキドキしてます」

「はい、ちょっと風邪ひいてます。今日の給食楽しみです」

「はい、元気です。でも、今朝は起きるのが遅くてお母さんに怒られました」

「はい、元気です。昨日は熱があって休みました。でも今日は大丈夫だから休み時間はドッヂボールやります」……等と答えるのです。

同じ様に給食が楽しみな子やお稽古事の検定試験がある子は、うなずいて聴いています。お母さんに怒られた話や昨日休んだ理由が語られると、お互いの生活や思いを知ることになります。もちろん、無理に言わなくてもいいのです。先生や仲間に聞いて欲しい時、語りたい時だけこのひと言をつけ加えればいいのです。

この方法の良い点は、時間がなくてもできることです。また、教師が子どもたち一人ひとりの様子を知るだけでなく、子どもたち同士が互いの話を聞きながらそれに応えるようになることです。クラスの仲間に向かって自分の思いを語り出すのです。伝える相手は、クラスの仲間です。

≪**呼名プラス"ひと言"**≫を子ども自身の自由にまかせることは、安心の居場所作りの一歩になり、共感し合う関係を作ることにつながっていくのです。

≪朝の発表≫で、子どもの生活や興味を交流

≪朝の発表≫は、呼名の後に実施します。子どもが発見したこと・不思議に思ったこと、詩の暗唱・得意なこと等々、お互いの生活や思いを自由に発信し、互いの興味と生活を交流する時間で、発表したい人が自分でエントリーします。時には家族も一緒に登場しました。この時間は子どもたちが大好きで、たとえ1時間目に食い込むことがあっても≪朝の発表≫は欠かせない――そんな時間でした。

テーマも発表方法も自由で、自己決定します。家・地域・学校……、どこでも自分で決めて成し遂げる体験が少ないいまの子どもたちにとって、こうした自己決定は一人ひとりの自尊感情を育てる、重要なことではないかと思っています（親に相談することがあっても、最後は自分で決め、自分で実行しなければなりません）。

子どもたちの自由な≪朝の発表≫とは別に、子どもたちの**日記や作文、授業の感想等を読み合う時間**も大切にしています。一人ひとりの日記や作文には、教室全体で共有したい大切なことが含まれています。自由な表現の場の他に、教師の私が作品を選んで一緒に考え合う、教師主導の表現交流の場も大切だと考えています。

この2つが保障されて、子どもたちは互いの生活や思い、興味・関心を交流し、安心の居場所を互いの中に見つけていくことができるのではないかと思います。

★2 生活や興味の交流の場≪朝の発表≫

≪朝の発表≫のテーマ・発表形式は、自由

≪朝の発表≫は、4月の**自己紹介**から始まります。パフォーマンスを入れた自己紹介なので、やる方も聞く方も一生懸命です（大学のゼミでも実施しています）。例えば、得意技の実演……ピアノを弾く、サッカーのリフティングをする、折り紙や絵を披露する、縄跳びをする等々、実に多様です。

自己紹介の後は、**私の宝物**の発表が続きます。大好きな玩具、赤ちゃ

んの時から使っているタオル、ゲームやコレクションのカードが持ち込まれます。

5月に入ると、**自由な発表**が始まります。例えば、大好きなもの・こと（虫、花、本等）、おいしかったケーキ、おばあちゃんへのプレゼント作り等。その他に、疑問や発見、うれしかったこと・悲しかったこと等々。

発表する子どもは、教室にある小さなホワイトボード（エントリーボード）に名前カードを貼って前日にエントリーします。エントリーしたのに忘れてしまう子には、

「忘れたので、明後日やります」

と、1年生であっても自分で決めたことには責任を持たせ、自分で訂正させます。

発表したくない子に無理強いはさせません。でも、友だちの発表を聞いているうちに、どの子もやってみたくなるようで、1か月も経たないうちに必ず全員が発表していました。

一人の興味・遊びが、仲間につながっていく≪朝の発表≫

ある日の2年生。男の子3人が≪朝の発表≫をしました。生活科の授業で行った雑木林にクワガタ捕りに出かけ、モグラの穴を見つけたのです。

「昨日みんなで行った十連寺裏の雑木林でクワガタを2匹捕りました。そしたらモグラの道がありました。穴があって、土が盛り上がっていました。大樹君が『これ、モグラの穴だよ』と言ったので他にも見つけました。掘ってみたら道みたいだったです」

と発表すると、次々に発言があります。

「えっ、モグラがいるの？」「モグラって、ナニ食べるの？」「雑木林の中にぼくも行ったけど、虫がたくさんいて刺されちゃったよ」「十連寺は、私もお父さんとクワガタ捕りに行ったことがあります」

みんな自分の体験を交えて語るので生き生きしています。発表者に向かって意見や感想を語っているので、発表者はもちろん、他の子もしっかり聞いています。「静かにしなさい」「ちゃんと聞いていなさい」等と言う

著者と子どもたち。本文とは関係ありません

必要は全くありません。子どもが子どもに語る時、互いに聞き合う「応答的な関係」ができます。それがクラス全体の共感となって聞き合う関係になっていくのです。

　この日は他に、「韓国のおばあちゃんからもらった飾り」「私の大切なぬいぐるみ」「ママがいなくてうれしい日」「紅茶で染めた布切れ」が発表されました。

　「韓国ってどこ？」「おばあちゃんは韓国の人なの？」「行ったことある？」「紅茶が染まるんじゃ、コーヒーも染まるかな？」「私だってうるさいママがいないとうれしい時もあるけど、やっぱりママがいいな」等々、聞いている他の子の世界も広がりました。

　翌日、数人の子どもたちがモグラの穴を見に出かけました。さらにその時見た「夕日がとてもきれいだった」という発表が続いたのです。子どもたちの興味は遊びにもつながり、次々に広がっていきました。

クッキーを焼いて≪朝の発表≫——みんなの分も作ってきたよ——

　6年生の≪朝の発表≫で、クッキーを作ってきた2人が発表しました。

「私たちはきのう、麻美の家でクッキーを作りました。結構おいしくできました。では、作り方を説明します」
と言ってクッキーの作り方を説明した後、個包装したたくさんのクッキーを取り出しました。
「みんなにも食べてもらおうと思ってたくさん作ってきたので、味をみて感想を言ってください」
大喜びしたのは、寝坊して朝食を抜いて来た子たちです。この教室には時々朝食を抜いて来る子がいて、真っ先に感想を言いました。
「≪朝の発表≫でいろいろと作ってきてくれる人はすごいし、とってもありがたい。うまいです！」「私も作ったことがあるけど、温度が高すぎて焦げてしまいました。これはちょうど良く焼けていますね」「作り方を紙に書いて教えてください。私もやってみます」
と、たくさんの感想や質問が出ました。「クッキー作り」は、女子だけではなく、男子も一緒に作り始め、ちょっとしたブームになりました。
こうした≪朝の発表≫での語り合いは、授業での活発な討論にもつながっていったのです。

お母さんとやじろべえ作り

2年生の凌君は、やじろべえを持って来て≪朝の発表≫をしました。
「昨日、お母さんとドングリで『やじろべえ』を作りました。あと、コマも作ったよ。みんなの分もあるから配ります」
と、お母さんと一緒にドングリ工作をしたことを発表し、みんなの分も作って持って来たのです。凌君が、大きな袋をうれしそうに抱いて登校して来た訳がわかりました。クラスのみんなの分も作って、みんなが喜んでくれる顔を楽しみにしていたのです。
≪朝の発表≫は、安心の居場所としての教室作りであり、安心の仲間関係作りにつながる取り組みなのです。

母の日にお父さんにあげたカーネーション
―― 胸の内を語り合う≪朝の発表≫――

4年生の勇人君は、母の日の出来事を日記に書いて≪朝の発表≫をしました。

> 水色のカーネーション
> 今日は、母の日だったのでお父さんのすきな水色のカーネーションをかおうと思いました。お兄ちゃんにいうと、いやだといったので花やに行って200円のカーネーションをかいました。夕ごはんのとき、パパに
> 「いつも、ごはんを作ってくれて、せんたくしてくれてママのぶんもやってくれてありがとう」
> と言ってわたすと、パパは「なんだよ」って言ってびっくりしていましたが、それから、なきだしてしまいました。パパは、カーネーションをコップに入れて、テーブルの上に置きました。三人でごはんを食べました。この間あったママには、かいませんでした。

この日は、発表後少し間をおいてからポツリポツリと質問や感想が出されました。家庭事情をあえて話すことはなくても、遊びで行き来している子どもたちは、お互いの家庭のこともよく知っているようです。

　「お父さんにあげたなんてすごい」「母の日だけど、ぼくは何もしなかった。でも、お父さんにカーネーションをあげるなんて優しいんだね」

　すると、今度は、女の子が手を挙げました。

　「あのう、先生に質問です。先生って、大人になってから喧嘩したことありますか？」

　突然の質問でした。

　「ええ、あります」「誰とですか」「旦那さんとですけど……」
と言うと、「原因は、何ですか？」と矢継ぎ早に質問されました。

　「子どものことです」と答えるとすぐに、

　「私のうちも、私のことが原因でお父さんとお母さんが喧嘩して、私が4歳の時に離婚しました。お母さんは私たちを育てるのに『お金がかかる』って言います。いま、介護士の仕事をしているんですけど、お金がたくさんもらえないから看護士になるって勉強をしています」
と言いました。算数の問題作り（121ページ）の時に、お母さんの勉強時間を問題にした子です。子どもたちは、心の中にある重たいことはそう簡単に話したくないはずです。しかし、共感的に聴いてくれる仲間がいる時、語りたくなるのかもしれません。

体重測定で嫌なことを言われた──不満も伝える≪朝の発表≫──

　≪朝の発表≫では、「嫌なこと」や「不満」が語られることもあります。
3年生の9月、由紀さんが≪生活ノート≫を発表しました。

> 9月8日、いやな日でした。休み時間に身体計測の紙がくばられました。あいちゃんがつくえの上にあるわたしの紙を手にとった。あいちゃんは紙を山ちゃんに見せた。山ちゃんはわざと大きな声でわたしのたいじゅうを言った。わたしはいやなきもちがした、

> 明君がわらった。どうしてそんなことをするんだろうと思った。
> あいちゃんと山ちゃんはわたしのたいじゅうをそんなにしりたいの。

　この発表を聞いて、里奈さんが続けて語り出しました。
「私もいつもお姉ちゃんにクロデブと言われて嫌です。きっと由紀ちゃんも同じだね。友だちにわざと紙を見せたり、大きな声で読まれたりしたらとっても嫌だと思うよ」
「私はやられたら、そんなこと無視しています。前、学校に来るのが嫌だったことがあったから。だから、由紀ちゃんも無視したらいいと思うよ」
　続いて言った公子さんのことばに、教室はざわめきました。これを聞いていた優さんはその時、自分の耳が片方不自由なことを語り出しました。
「私は無視するんじゃなくて、体重が重くたっていいと思うよ。いろんな人がいるからいいと思うよ。由紀ちゃんも里奈ちゃんもいいと思うよ。私は赤ちゃんの時の病気で右の耳がよく聞こえないのね。で、お医者さんからも言われたけどもう治らないよ。でも、いろんな人がいるから毎日が楽しいんだと思うよ」
と精一杯の気持ちを伝えました。あいちゃんも山ちゃんもじっと聴いています。
　由紀さんの≪朝の発表≫をきっかけに、優さんのカミングアウトがあり、思いもかけず「体重が重いと、いけないの？」「無視するって、どんなことなんだろう」とみんなで考え始めました。長所も短所も自分のいろんな面をまるごと肯定する大切さを、あいちゃんも山ちゃんも由紀さんも里奈さんもみんなが３年生なりに考えようとしていました。
　子どもたちは、安心の関係ができれば語り出したくなり、生活の一コマとして提起された出来事は、みんなで考える大切な材料になるのです。日常の小さな喜怒哀楽のドラマを共有できる教室は、子どもたち一人ひとりにとっての安心の居場所の教室です。≪朝の発表≫は、安心の関係と、安心の居場所を作る大切なひと時なのです。

⭐3 「ヒト・モノ・コト」と出会う≪探検活動≫

1 ≪探検活動≫で教室を飛び出そう！

なぜ、≪探検活動≫が大事なのか？

≪探検活動≫は、子どもの興味・関心を地域に広げ、いろいろな「ヒト・モノ・コト」と出会うことで「学びの世界を広く、豊かに」します。

「外は危険がいっぱい。安全を確保できない」「管理職が許可してくれない」「ネットで調べた方が簡単だし、いまの時代に合っている」等々、≪探検活動≫に取り組まない意見は様々あります。でも、「子どもの『学ぶ意欲』や『探求心』をどう育てるか？」の根本を問い直したいのです。実体験が少ない子どもの弊害が種々指摘される「いまの時代」だからこそ、子どもの体験や実感が重要なのです。≪探検活動≫は、体験・実感を通して子どもたちが「なぜ？どうして？ もっと知りたい！」と「問い」を広げることができます。また、地域に生活する大人やその道のプロたちに出会うことができます。学校や普段の生活では接点のない本物にも出会えるのです。教室を飛び出す学びが「ヒト・モノ・コト」と出会うことは重要ではないかと思っています。

インターネットよりも携帯電話？

私は、インターネットを活用することもあります。ただ、情報の信ぴょう性の問題はかなり慎重に考えなければなりません。また、他者とのつながりが希薄になりがちな子どもたちの実態を考えると、子どもたちには自分の足を使って"ネットワークだけでなく、フットワークで調べる"ことが重要だと考えています。他人と出会い"face to face"でつながることを大切にしたいのです。

124ページで紹介した「牛乳パックは、なぜ1000㎤ないのに1000mL入るのか」が、子どもたちからの「問い」にならなかった別のクラスでは、携帯電話を使ったことがあります。

こちらから「問い」を投げかけ、授業中に子どもが携帯電話で製造会社に問い合わせて調べたのです。全員がリアルタイムで解答が聞けるこの方法は、相手が見えるのでインターネットで調べるのとは全く違う実感が持てました。≪探検活動≫は、「わからない時は、どうやったらわかるようになるのか」、その方法も子どもたちが体験することになります。

2 ≪探検活動≫の準備

≪お願い便せん≫

　私は、≪探検活動≫のために教室に≪お願い便せん≫≪ありがとう便せん≫、切手、封筒を用意していました（公衆電話が学校に設置されていた時代は、テレホンカードも用意していました）。子どもに疑問があれば、いつでも手紙を書いて質問できるようにするためです。

　教師主導で探検の場を設定することもありますが、子ども自身の「なぜ？　どうして？」の疑問を大切に育てたいと思います。「どうなってるの？」と疑問に思えば、自分たちで手紙や電話で問い合わせ、出かけて話を聞き、実物を五感で体験します。そのために、教室に便せんや切手等を置いていたのです。

≪探検活動≫の流れ

> **七つ道具**：ノート、筆記具、名刺、テレホンカード（いまは携帯電話）、バッチ、カメラ、時計。
> **探検に出かける前**：子どもたちは「**探検の誓い**（注意事項）」を話し合って決め、自分たちで訪問先にアポを取ります。
> **いざ探検**：「七つ道具」を持って地域・訪問先を回って取材します。
> **発表**：その成果や資料をクラスのみんなに発表します。

③ 算数で、教科書会社に≪探検活動≫！──5年生──

筆算の書き方は、どっち？

5年生「小数のかけ算」の学習をしている時のことです。

まず4年生の復習「1.3×2」を解いてもらうと、子どもたちの答えは全員「2.6」ですが、筆算の書き方が2通りになりました（下図参照。拙著『こどもといっしょにたのしくさんすう小学4～6年』76頁・一声社）。違いは、かけられる数の「2」をどこに書くのか、です。

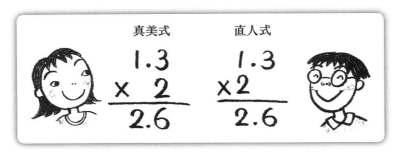

真美さんの書き方に賛同の意見：

「小数点は、初めは考えないでかけ算して、その後小数点をおろすんだよ」

「確か4年生の時に、『かけられる数に合わせて点を打つ』から、おろすって習った」

直人君の書き方に賛同の意見：

「『小数点をおろす』というのは、かけられる数とかける数の位(くらい)がそろっていないといけない。真美さんのはそろっていないから、前に習ったのとは違う」

「小数のかけ算は、そろえなくていいって習ったよ」「そんなのおかしいよ。小数点をおろすんだから、位はそろえないとダメだよ」

「1.3×2」を「既習事項の復習」として簡単に終わらせていたら、教科書の記述についての疑問や小数点の深い理解はできなかったでしょう。討論をしながら考え合ったことで、子どもたちの中にさらに深い「問い」

が引き出されたのです。「小数のかけ算の筆算は、位をそろえなくていいのか？」—子どもたちの疑問でした。これは、これから学ぶ「小数×小数」を学習しないと解決できないので、疑問として残したまま次に進むことにしました。

教科書の書き方がおかしいよ！

「昨日の討論が気になったから、4年生の算数教科書を持って来たよ」

数人の子が4年の教科書を持って来ました。討論後も疑問を持ち続けて、再度考えて欲しいと思っていましたが、家で確かめて去年の教科書を持って来る子が数人いたのは驚きでした。

下図（前出の拙著86頁）で教科書の記述を見てください（当時調べた算数教科書6社のうち、G社以外は似た記述）。

「小数×整数」の場合の小数点の打ち方の記述は、

「かけられる数にそろえて、積の小数点をうつ」。

これでは、「2.3×2.8」の積が「64.4」になってしまいます。

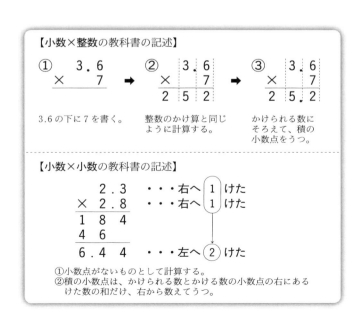

教科書のあいまいさを発見し、この学習のポイント＝「『小数×小数』ではどのように積の小数点が決められるのか」が、子どもたち全員の疑問と課題になっていました。かけ算九九が不十分な子も、塾や通信教育で先取り学習をしている子もみんなが、
「積の小数点はおろすのか」「なぜ、位をそろえて筆算しなくていいのか」と考え始めたのです。

「3.12 × 3.2」や「3.1 × 3.21」をタイル図で考える

「3.12×3.2」や「3.1×3.21」の答えをタイル図で考えてみると、式にはない小さい位のタイルが出てきました（前出の拙著78頁）。

このことから子どもたちは次のことを発見したのです。

> 🌀「小数第2位×小数第1位」の計算では、小数第3位が出てくる
> 🌀「小数第1位×小数第1位」の計算では、小数第2位が出てくる

次に「3.12×4.2」を筆算で考えてみると7通りの方法が出され、喧々囂々（けんけんごうごう）の討論になりました。子どもたちの声はいつの間にか休み時間のような強さになり、「かったるいから、オレやらない」と言っていた直人君が意見を出しました。
「3.12は3で4.2は4で計算すると12だから、小数点をおろすのはやっぱり違うと思う」
直人君の発言を機に、タイル図に戻りながら積の小数点の決定についてみんなで考えることができたのです。

教科書会社に物申す！

「ぼくたちが使っている4年の教科書の『小数×整数』の説明の書き方は、よくない！」
剛君は、≪お願い便せん≫で教科書会社に手紙を出しました。

> 4年生で習った小数×整数のかけ算の筆算のやり方と5年で習った小数×小数の筆算のやり方を考えると、4年の教科書の書き方は5年で習ったやり方とは違ってわかりにくいです。両方とも同じ考え方になるようにもっとわかりやすく書いてください。

　教科書会社からの返事はありませんでしたが、「小数乗法は位をそろえるのか」という小さな疑問を討論しながら学んだことで、子どもの中に「問い」が生まれ、その「問い」が全員に共有されて大事にされると、「教科書会社にもの申す」≪探検活動≫にも発展したのでした。

④ 社会科「米作り農家」で≪探検活動≫——5年生——

"米探検"から社会問題へ

　「米作り農家」の"米探検"は、「自分の家で食べている米は、どこで購入しているか」「その米は、どこで作っているのか」の調査と発表から始まりました。すると、次々に疑問が生まれました。

> ◎ 銘柄や産地によって値段が違うのはなぜ？　◎ 有機米って何？
> ◎ 特別栽培米って何？　◎ 輸入米ってどこの国から来るの？

　早速子どもたちは、地域の米屋・スーパー・JAに出かけて≪探検活動≫を開始し、情報を持ち寄りました。
　「大宮（隣町）でもアイガモ農法をやっているところがあるらしい」「鯉を田んぼで飼って鯉農法をやっている農家が、加須（同じ埼玉県内の市）にはあるんだって」
　家で岩手県東和町農協から特別栽培米を買っていた行夫君が東和町農協へ手紙を書き、返事と「バケツ田んぼ」の種もみを送ってもらいました。この稲をみんなで育てながら、半年以上にわたった学習は、豊かに展開されていきました。

　岩手県東和町の町長さんが減反に反対していることがわかると、「なぜ減反をするのか？」「どうして反対なのか？」と疑問に思う子たちが調べ始め、さらにTPP問題について≪朝の発表≫で取り上げる子も現れました。テレビで岩手県東和町の減反反対が放映されると、録画を学校に持って来る子がいて、みんなで視聴して東和町に小学校５年生としての思いを手紙に書きました。一人の子の「問い」が広がるうちに、現代的な課題にまでつながっていったのです。

米から気象台見学へ

　愛子さんたちは、米そのものにこだわり続けました。

　「食べ比べてみると、埼玉県のコシヒカリよりも新潟県南魚沼産のコシヒカリの方がおいしかった。なぜおいしいのかを教科書や資料集で調べてみたら、天候にも関係があるらしい。調べたい」

　気象台にはデータがあることを教えると、愛子さんは新潟地方気象台と熊谷（埼玉県）地方気象台に「お願い便せん」で疑問を書いた手紙を送っ

たのです。
　新潟地方気象台からすぐに返事が届きました。日照時間・積算気温等について、熊谷と新潟の違いをグラフにして送ってくれたのです。愛子さんは早速新潟地方気象台に≪ありがとう便せん≫でお礼状を書きました。するとそれが熊谷に転送されて、返事が来なかった熊谷地方気象台長さんから直々にお詫びの手紙が届いたのです。
　「よかったら見学においでください」というお招きを受け、愛子さんたち数人は早退届を出してお母さんたちと一緒に熊谷地方気象台に出かけ、「降水量は、なぜミリメートルで表すのか」「アメダスは、埼玉県ではどこにあるのか」等も教えてもらってきていました。

⑤ ≪探検活動≫で広がる学び

　「水産物の輸入が増える時期と、回転寿司が繁盛(はんじょう)する時期が重なる」
　寿司店を営むお父さんからをこの話を聞いた真利さんは、友だちと一緒に早朝の魚市場に出かけ、≪朝の発表≫で報告しました。これをきっかけに、社会科の学習から「エビの輸入問題」の討論会へ発展したのです。図書館で岩波新書の『エビと日本人』（村井吉敬著・岩波書店）を借りてきて発表する子、商社に手紙を書いて環境問題への取り組みを調べた子もいて、「エビは食べたいけど、マングローブの林や環境問題を考えると……」と子どもたちは考えることになりました。

　5年生社会科「野菜作り農家」は、"冷蔵庫探検"から始まりました。
　野菜のパッケージを各家庭から持ち寄って、貼られたシールを活用すると面白いことがわかります。4月・5月・6月と野菜のシールを集め、日本地図に貼っていきます。すると、ナスやピーマンの産地が九州・宮崎から岩手、北海道へと北上していく様子がよくわかります。また、中国を始めアメリカ等外国の農産物が意外と多くあることも、よくわかります。
　"冷蔵庫探検"から野菜のシール貼りを体験すると、子どもたちはいろ

いろと自分で調べてきます。新聞の記事で、天候の影響で野菜の値がよく動くこと、農家が輸入農産物の増加で困っていること等を見つけて発表する子が出ると、早速地域の小売店・スーパーマーケット訪問、農家訪問へと≪探検活動≫開始です。

他に、運動会で踊る「エイサー」から沖縄について、基地のこと・自然のこと・沖縄料理等を調べる子、算数の比例関係を調べるためにタクシー会社や工場へ手紙を書いて質問した子もいました。

教科学習が教室から飛び出して≪探検活動≫になると、教科の枠を超えて「総合的」になるのです。一人の子どもの問いや疑問が、≪朝の発表≫で交流され、子ども同士をつなげ、別の子の知的好奇心を刺激し、違う視点・角度から探求されると、学びは広がり、豊かに、深くなっていくのです。≪探検活動≫は、"学びの主人公は子ども自身"であることを見事に示していました。

４ "綴り""自分を語り""交流する"

① ≪授業日記≫──"学びを書き綴る"意味──

授業を綴ると見える"新しい世界と自分発見・友だち発見"

私は、授業後に書いてもらう≪わかったこと、わからなかったこと、もっと知りたいこと≫を大切にしています（大学でも）。これは単なる"振り返り"（全国的に授業後に書かせている取り組み）とは違います。

当初の目的は、「次の授業をどのように組み立てていくのか」という教師の授業づくりのためでした。「何を考え、何がわかり、何がわからなかったのか、どんな思いでいるのか、子どもたち一人ひとりの表現から読み取りたい」という思いだったのです。

ところが、子どもたちの書いたものは私の思いをはるかに上回っていました。友だちの発言内容と対抗して出された意見、誰の発言を聞いて自

分の考えが変わったのか等、迷いや曖昧(あいまい)さも含めて考え方の変化のプロセスが多く書かれていたのです。子どもたちは、**"綴りながらもう一度授業をくぐっていた"**のです。感想を通信に載せると、自分の感想文だけでなく友だちが書いたものも一生懸命に読んでいたのです（高学年になればなるほど熱心に）。感想を載せた通信は、子どもたちによる"子どもを励ます評価"にもなっていました。

'80年代の子どもたちに教えられたこと

　1980年代、「校内暴力」ということばが全国で飛び交っていました。第2章75ページで紹介したように、私の勤務校が実施していた「非行・問題行動」対策＝「生活点検」「百ます計算」等は、見事に破綻(はたん)していました。その後、喧々囂々(けんけんごうごう)の議論と実践を経て私たち教師が一致したのは、「子どもが心開いて、学びたくなるような学習づくり」の重要性でした。教えたいことを「子どもたちに身につけさせる」授業からの転換——算数で言えば、「わからない、つまらない、使えない」算数から「わかる、楽しい、使える」算数への転換です。

　私は、"学ぶ子どもが主人公"ということと、授業で"綴る"ことは深く結びついていると考えています。子ども自身の「生活の流れの中に教材を位置させる」（『佐々木昂著作集』佐藤広和・伊藤隆司編・無明舎出版）という視点を大切にしたいと考えているのです。子どもが綴った感想や授業日記を通して、"学びの主人公は子ども自身"であること、"子どもは自らの力で変わる"ことを発見することができました。子どもたちは、授業の感想・≪授業日記≫を通して、"観"さえも変えていったのです。例えば算数の場合、「計算ができる。文章題が解ける」算数から、「生活や世の中を数の世界で読み解く」「論理的に考える面白さや大切さを知る」「他者と共に学び合う」算数への"算数観"の発展です。この変化を支えたのは、"討論"であり、"綴る"ことでした。

　（いま流行の「言語活動」では、ノートのまとめ方や考え方を「数」や「ことば」で説明させる指導が重視されています。しかし、私が重視する"綴る"ことは、単に考え方を

説明するために書くのではありません)

子どもが"学びを書き綴る"意味

「授業の感想」を≪授業日記≫という名前にしただけで、子どもたちは生き生きと書き始めました。自分が授業でどう考え、誰の説明でどのように変わっていったのか、たとえその授業で発言をしなくても、静かに耳を傾けながら友だちの考えに学び、自分の考えを持てたことに喜びを見出し、決してあきらめていない姿がそこにはあったのです。書き綴りながら、「あいつの考えって、すごいなあ」という"友だち発見"や「私もまんざらではない」という"自分発見"をしている姿です。子どもたちは、"結果ではなく、プロセス"に目を向け、自らの考えを深めていたのです。

教材研究と"学びを書き綴る"こと

子どもたちは、それぞれの生活の中での自分の「知」を持って学習に臨んでいます。「新しく学ぶ知」の世界と、子どもたちの中に「すでにある知」（自覚していないものも含めて）の世界を結ぶのが私たち教師の仕事だとすれば、子どもたちの声を聴くことが前提になると思います。どこでつまずいたのか、何がわかって何がわからないのか、どのように納得したのか——それを理解した上で次の授業をつくることが教師の教材研究ではないでしょうか。≪授業日記≫は、子どもたちのつまずきや納得を知るために欠かすことができない取り組みでした。

子どもたちが学びの過程を書き綴って共に読み合うことと、一人ひとりが主人公になる学びを子どもたちと一緒に創ることとは、表裏一体の関係です。教室の中で安心して間違えたり語り合えたりできる仲間がいること、そうした教室をつくることは何よりも重要なのです。

②「2枚のパンを3人で分けると、1人分はいくつ？」の《授業日記》

みなさんは下図（前出の拙著99頁）のどこが間違っているか、説明できますか？

（「2÷3」は、平成20年度「全国学力状況調査」小学校算数A問題で正答率73.8％。ところが平成22年度の小学校算数A問題「2 L のジュースを3等分すると、1つ分の量は何 L ですか。答えを分数で書きましょう」になると、正答率40.6％だったのです）

真君の《授業日記》

塾で先取り学習している子は、「2÷3」の計算問題はできます。しかし、パンを持って来て包丁で切り「2枚のパンを3人で分ける」様子を見せると、塾組全員が「1人分は1/3枚」と考えました。他の多くの子は「2/6枚」で、未来さん一人が「2/3枚」でした。

この問題を考え合った授業の後、5年生の真君が書いた《授業日記》を紹介します。

はじめこうゆう問題が出て、考えている最中に先生から聞かれちゃったので特に人数の多い2/6にしといた。
『後でゆっくり考えよー』と思ったから。その時は未来さん1人だけ2/3と言った。この後、これが答えだとは思ってもいなかった。初めは2/6で2枚をくっつければいいと思っていた。けれど、大樹が

『6/6で1枚になるのでおかしい』
と言い始めたので、ちょっとわからなかった。
すると、牧さんがなんだか説明し始めた。聞いていると、2/6がちがうように思えてきこえた。たしかに1つを3つに分けて2つ合わせると6だから、わければ2/6になるかもしれない。けれど6/6では1になってしまう。だから1/3だとうつった(1/3の意見に変えた)。
しかし、光一が
『それはちがう』
とすごーいことをいった。いつも存在感のうすいやつだと思っていたけど、今日だけはちがった。その時、でも聞き逃してしまったので、ちょっとわからなかったけれど、そのすぐ後に杉山さんがちょーーわかりやすい説明をしたので、わかった。杉山がいい終わったすぐ後に洋が
『おーこれ、ちょーわかりやすいな。もうこれぜったいに、2/6でも1/3でもなく、2/3だよな』
『うん、オレもぜったいそうするよ』
と言って手をあげた。オレもすげえわかったと心の中で思った。その前に、俊貴が2/3とか言っていたのが、あーあ俊貴ってめちゃめちゃほざいて2/6にずっと発言して、あわれ俊貴って感じだなあと思った。俊貴はみんながあんなに言っているのにまだ2/6って言っているから、あいつって俊貴らしくていいところもあるけど、言い訳したりするからいやだと思った。
そして、たった2枚の紙を3人で分けるだなんて3年でもできるんじゃないかと思ったけど、こんなに悩んだのは久しぶりだった。とても悲しいことが1つあった。2枚を3人で分けるのをばかにしたのが悪かった。とにかく2/3。1/3 + 1/3が2/6や1/3 +1/3が1/3なわけはない。でも、最後までとことん2/3にこだわった西さんはすごいなとつくづく思った。今日すごいわかりやすかった人は、未来さんと、光一、杉山さんとこの3人だった。新しい勉強

> の時にわからなくなったら、この時のことを思い出してがんば
> ろうと思う。

　本物のパン2枚と包丁を教室に持ち込んで実際に3等分して見せました。その「実感」をもとに子どもたちの「討論」が活発に豊かに展開されたので、真君だけでなくどの子も自分のことばで生き生きと≪授業日記≫を書いてきたのです。

未来さんの≪授業日記≫

　真君の≪授業日記≫にも「1人だけ……」と名前が出てきた、最後までたった一人で2/3と主張した未来さん。この日は、家で「≪授業日記≫を書きたい！」と言って、次のように書いてきました。

> 2枚を3人に分けるのに1/3が出てきて何で1/3になるのかわからなかった。
> 山本さんとかが説明したけど何が何だかわからなかった。私は初めに1人だったから、みんな何で2/6と思っているのかと思って聞いていた。「2枚に対してだから……」とずっと考えているうちに伊部君が「6/6は1枚だけど、ここにパンは2枚あるから変だと思う。3人で分けると1人は2/6枚で約分して1/3だと思うけど、パンが2枚だから変だ」
> と言ったのを聞いて「そうだ、6/6は1枚なんだからそれが2枚あるから……」と考えていて私はノートに図を描いて「6/6は1枚。そうすると……」2/6はこの大きさにならなくて、こうなるんだ！だから「2/6だって、1/3だって、違うよ―。」と、思っておもいきって発言したけどよくわかってくれなかったけど、まあいずれわかってくれるかなと思った。
> でも、私がまちがっているのかもーとも思ったけど、また他の人の話を聞いて考えようと思った。そして、話を聞いていたら、

> 2/3でいいよということを聞いてほっとした。きんちょうしてふるえたけど言えてよかったと思った。みんなが私の2/3（の考え）に移ってきた。でも、わけを言うのを聞いていたら「小川君のでわかった」とか「杉山さんのとかの話を聞いたからわかった」とか言っていたからがっかりした。けど私の説明がいけなかったんだよなと思った。結局2/3に決定した。まあこれでいいんだよねと私のがあっていたので安心しました。

　未来さんは授業中の考え方や心の動きの変化、自分の迷いも不安も確信もありのままに綴っていました。《授業日記》は、子どもの学びの生活を綴っているのです。子どもたちが書くことの重要性をもう一度考える必要があると思います。

③ 綴ることで学びの主体が育つ

　子どもたちの《授業日記》から、私たちは何を読み取ったらいいのでしょう。4点あります。
　1つ目は、真君や未来さんの「書きたくてたまらない」思いです。
　2つ目は、学びの過程を書きながら二度学んでいること。
　3つ目は、「安心して間違える」仲間がいて"友だち発見""自分発見"をしていること。
　4つ目は、「間違いのお陰で討論が深まり、納得ができた」という実感が持てていることです。
　こうしてみると、授業で学んだ自分自身の学びの生活を書き綴ることは、とても重要だと言えます。
　豊かな学び合いがあった時、子どもたちは自分の学びをいままでの自分のストーリーの中に位置づけながら書き綴り、「計算ができる」「問題が解ける」というのではない"算数観"も育てているのです。
　子どもたちが書きたくてたまらなくなる学びの場面は、教師主導や教師

による「説得」型の学習では生まれません。子どもが主体となり「解き明かしたくてたまらない」価値ある学びとの出会いこそが大切なのです。「実感」と「討論」という学びの過程に支えられ、綴りながら、学びの主体として子どもは育っていくのではないかと思います。

第3章 "安心の居場所"をどう作るか

"遊び" "文化活動"で仲間づくり

1 "遊び"は体と心を解放し、子ども同士をつなぐ

　"遊び"は、子どもたちの体を開くばかりでなく、心も開きます。また、つながる力が弱くなっている子どもたちも、"遊び"でつながり、仲間として育ちます。私は、4月の初日から"遊び"に取り組むことにしていました。「やりたくねぇ」と授業中に騒ぐ子がいたクラスでは、授業前に鬼遊びをすることもありました。もちろん喧嘩(けんか)も絶えませんでしたが、汗をかいて思いっきり遊んでくるとどの子も落ち着くのです。

　ある年の4年生の子どもたちは、「みんなで遊ぶ時間を、どうしても作りたい！」と願い、休み時間の他に放課後にみんなで遊ぶ≪遊びのひろば≫を自分たちで作りました。下校後の校庭、団地の公園、学童保育所の庭と、日によって遊ぶ場所を変え、自由に集まって　Sケン、ポコペン、人とり等をしてよく遊んでいたのです。≪遊びのひろば≫で遊んでいた和夫君の作文です。

ワハハのすべり台
和夫
わんぱく広場にあつまった。
すべり台をすべった。
9人でならんですべった。
ツルツルよくすべる。
右のはじっこ、左のはじっこから
おっこちる
おっこちる。
ぼくもガーンとおっこちた。
おしりもひじも真っ黒け。

> 秀樹もいっしょに
> みんなで「ワハハ」と大声でわらった。

　ここに出てくる秀樹君は、よく腹痛を起こし、係の仕事をせずに友だちから注意されることも少なくなかった子です。兄弟はいなかったので、「放課後は誰とも遊べない」子でしたが、≪遊びのひろば≫でみんなと一緒に遊ぶようになったころから、腹痛を訴えなくなったのです。自由な遊びが子どもたち同士をつなげ、子どもを変えたのです。

　遊びと言えば学童保育所に通う子どもたち。近年増えた学童保育所に通う子たちは、教室の中ではちょっとした集団で、多様な遊び文化を教室に持ち込んでくれます。Sケン、人とり、ポコペン、王様じゃんけん、マンカラ、けん玉、コマ等々……集団遊びと技を磨く仲間づくりの遊びは、学童っ子たちが持ち込んでくれました。ゲーム機を持ち寄って遊んでいた放課後の子どもたちの遊びが、"学童保育所の遊び文化"が持ち込まれて、コマやけん玉に変わりました。"学童保育所の遊び文化"の充実は、教室や放課後の子どもたちの生活や育ちを変える可能性を持っていることも、考えたいものです。

２ 民舞「荒馬」のリズムが子どもの飛躍をつくる

　"遊び"同様に、様々な表現活動―例えば**"民舞"**も子どもたちの心を開きます。
　「大森の御神楽(みかぐら)」「中野七頭舞」「アイヌの踊り」「エイサー」等は、踊る教師自身も魅せられて、子どもと一緒に夢中になって取り組みました
　（数年前までは運動会で民舞に丁寧に取り組むことも可能でしたが、いまは「授業時間の確保」で運動会の練習時間が減り、民舞にじっくり取り組むところも少なくなりました）。

第3章 "安心の居場所"をどう作るか

「荒馬」が薫さんを変えた

3年生の子どもたちと「今別の荒馬」(青森県)に取り組んだ時のことです。

夏休み、「荒馬」の道具の馬作りを子どもたちと一緒に始めました。細く切った竹を曲げて輪にし、そこに布を縫いつけ、馬の頭としっぽ(この2つは近くの木工所で作ってもらいました)をつけて、一人ひとりの「荒馬」ができ上がりました。事情があって施設から通っていた薫さんは、施設の先生に手伝ってもらって作り上げたその馬がとても気に入ったようで、2学期の始業式から馬を持って校庭を走り回っていました。

「しっぽが跳ねるのが楽しい！」

と、注意されても注意されても、運動会で使う「荒馬」を持ち出しては、友だちと追いかけっこをしていたのです。

「ダン、ダン、ダン、ダン、ダン……」と太鼓の音と共に「荒馬」踊りの練習が始まりました。薫さんの荒馬は、大地から力をもらったかのよう

に跳ね上がります。薫さんは、踊りも１日でマスターしてしまいました。クラスの友だちから、「薫の荒馬、しっぽが跳ねて、カッコイイ！」「薫！荒馬大好きだよね」と褒められて、薫さんはますます踊りに魅せられていきました。掃除中も箒を馬に見立て馬のステップを踏んでは、「ちゃんと箒で掃いてよ！」と注意されることもしばしば。下校の時も「荒馬」のステップです。「荒馬」は薫さんをすっかり虜にしてしまいました。

　ひらがなも九九も十分に習得できていない薫さん。授業中も髪の毛をしゃぶってばかりで、落ち着いて話を聴いていることはありませんでした。その薫さんが「荒馬」に夢中になり始めてから様子が変わってきました。算数の時間に、突然発言をしたのです。

　わり算の筆算で、初めて百の位から商が立つ問題を考え合っていた時のこと。美保さんのやり方に対して、黒板の前にまで出て行って意見を言いました。いつもの様子とは違う薫さんに、クラスの子どもたちは驚きました。聴いていないように見えた薫さんでしたが、髪の毛をしゃぶりながらしっかりと友だちの意見を聞いて、自分の考えをはっきりと説明したのです。クラスの子どもたちは一生懸命に耳を傾けていました。

「今日は、薫さんのお陰ですごくわかった」

と言われ、≪授業日記≫にもたくさん書かれて、すっかり自信をつけていました。サボりがちだった掃除当番も係の仕事もちゃんとやり、宿題までもやって来るようになった薫さん。施設の先生からも、

「このごろ帰って来てから、机に向かって自分から宿題をやるようになりました」

というお便りも届きました。いままで書けなかったひらがなの勉強も始めました。他の先生たちからも褒められることが多くなったのです。

　運動会が終わると、またもとのように髪の毛をしゃぶる薫さんでしたが、荒馬のリズムに魅せられた薫さんは、自分の中に新しい自分を作り始めていたことは確かでした。

　限られた時間、多くの困難の中でも、子どもたちにとって大切な"遊び"や"表現活動"を意識的に取り組むことが大切ではないかと思います。

3 ≪詩の発表会≫――生き生きとパフォーマンス――

≪詩の発表会≫は、自由にグループを作り、好きな詩人の詩をパフォーマンスつきで暗唱する発表会です。

多様な表現交流の場があれば、その子に合った場で子どもは輝きを見せてくれます。たとえば、子どもたちの自由な表現交流の場としての≪朝の発表≫、教師が選んで読み合う≪学級通信文集≫≪日記≫≪授業日記≫等の他に、教科学習から発展して調べたことを自由に「絵本」にして発表する場、「レポート」や「問題作り」を読み合って感想を交流する場、そして≪詩の発表会≫です。

「詩」に出会い・味わうために、教室には普段からたくさんの「詩のカード」や詩集を用意し、≪朝の発表≫でも自由に詩の暗唱ができるようにしていました。そのうち、ただ暗唱するだけでなく、声と動作(パフォーマンス)で≪朝の発表≫をする子が出てきました。

萌子さんたちの『のはらうた』パフォーマンス――2年生――

萌子さんは、何でもお母さんまかせでみんなの前で発言するのが苦手な2年生。夢さん共々詩が大好きでした。2人は気に入った詩があると、休み時間も放課後も暗唱しながら体で表現する練習をしていました。好きな詩は自分のノートに挿絵つきで写し、お気に入りの「詩集」まで作っていたのです。

6月、萌子さんと夢さんは、工藤直子の詩集『のはらうた』(童話屋)から「はなのうた」をパフォーマンスつきで発表しました。2人の詩の発表は、子どもたちの心をつかみました。大人しい2人が、詩を生き生きと大きな声で暗唱しているのです。シーンとして見入る子どもたち。発表が終わると「うまい!」と声もかかりました。

「萌さん・夢さんのように詩を読みたい!」という子どもが続出しました。そこで、岩辺泰吏氏が取り組んでいた≪**詩の発表会**≫に取り組むことにしたのです。

≪詩の発表会≫の取り組み

クラス全員が、好きな友だちと好きな詩を選んで、暗唱とパフォーマンスを交えて発表します。審査員は輪番制。0から3までのカードを持ち、クラスで決めた評価項目で採点します。評価項目は、「詩のパフォーマンスが工夫されているか」「態度は良かったか」「声の大きさ、発音はちゃんとできたか」等です。審査員の挙げた点数を司会が合計して発表します。私のクラスでは、毎月実施している誕生日会の出し物として取り組んでいました。

≪詩の発表会≫では、授業や普段の生活では見られない子どもたちの生き生きとした姿をたくさん見ることができるのです。

もめ事も大事

どの詩を発表するかを決める時、練習をする中で、何度も意見がぶつかり合い、仲間外しや喧嘩等のもめ事が起きます。このもめ事をくぐりながら創られる詩のパフォーマンスは、子どもたちの体と心を開き、友だち同士をつないでいく活動になっていました。同時に、保護者の大人たちの子

詩の発表会

どもへの眼差しも変えました。

「≪詩の発表会≫を公開授業や授業参観の帰りの時間にやって欲しい」という要望が、保護者から出たのです。≪詩の発表会≫は1年間を通して実施していたので、子どもたちの関係や一人ひとりの表現の成長に大人たちは感心し、子どもを見る目を育てていたのではないかと思います。わが子だけではない「子ども」を見る目は、「孤育て」から「子育て」に変わるきっかけともなるのです。

≪詩の発表会≫は、特別支援学級に通級している子がいる時には担当の先生を招いて観ていただき、養護の先生や栄養士の先生にも子どもの普段とは違う面や生き生きした姿を観ていただいていました。

④ 多様な表現の場、≪劇遊び≫

一年の集大成としての≪劇遊び≫

≪劇遊び≫は、"民舞"の表現活動や≪詩の発表会≫をさらに総合的に取り組むものです。一年の集大成として、学年の最後に取り組むことにしていました。

いま、最後の学習発表会や授業参観でブームになっている取り組みがあります。4年生では「**1/2成人式**」、低・中学年では「**できるようになったこと発表会**」です。

「できるようになったこと発表会」は、低学年のうちはいいとしても、中学年になっても同じことを繰り返すと、保護者も「また？」という反応です。

4年生の「1/2成人式」は、「育ててくれてありがとう」というメッセージが強調されると難しい問題が起きてきます。各家庭の様々な事情が絡んでくるからです。「1/2成人式」は、「いのちの学習」のつながりの中で取り組みたいと考えているので、「感謝」だけで終わらせてはならないと思っています。

一方≪劇遊び≫は、子どもたちの体や心をさらに大きく成長させ、家庭の状況に左右されずに取り組めます。「学芸会」という学校の行事で取り組む場合もありますが、いまは授業時間の確保からこうした活動が削られる傾向にあります。
　私は、低・中学年では３学期に、子どもたちと一つの物語を劇にして作り上げる≪劇遊び≫や≪音楽劇≫をすることにしていました（高学年は違う表現活動に取り組んでいました）。教師が台本全てを用意するのではなく、子どもたちと一緒に動作やセリフを考えながら劇を作り上げるのです。学年最後のこの活動のためにも、日ごろから大きな声で歌ったり、自由に体を使って表現したりする活動に取り組んでいました。

『どろぼうがっこう』で≪劇遊び≫ ── ２年生 ──

　２年生の教室で『どろぼうがっこう』（かこさとし作・偕成社）に取り組みました。子どもたちはこのお話が大好きで、小道具の手ぬぐい・ふろしき・サングラス・出刃包丁・ねじ回し等を用意したり、役作りをしたり、動作を考えたり……楽しそうにやっています。みんなで一つの劇をすると、普段の生活では見られない子どもたちの素敵な表情にたくさん出会います。
　「どろぼう学校」のくまさか先生役になった雅君は、体の大きな男の子です。小さいころから習い事が多く忙しい毎日を送っていました。学習の理解も早く授業中もよく発言しますが、思うようにならないと突然傘を折ったり、奇声を発したり……。ドッヂボールで少しでもモタモタしている子がいると、
　「ボーっとしているんじゃねぇ！　子どもはボーっとしていちゃいけないってママがいつも言うぞ！」
と怒鳴って喧嘩になることもしばしば。教室のトラブルの中心にいる子でした。
　雅君の先生役については、「ピッタリ！　声も体も大きいから、くまさか先生役でいいよ」とみんなから支持され、やる気満々でした。しかし、練習が始まって雅君の動作やセリフにみんなが意見を言うと、そのたびに

怒って喧嘩です。練習しながらイライラして、小道具の出刃包丁を怒りにまかせて叩く雅君。とうとう出刃包丁がぼろぼろに壊れ、雅君はやる気をなくし、劇の練習がストップしました。すると、綾子さんが雅君に声をかけたのです。綾子さんは、ドッヂボールの時に「ボーっとするな！」と雅君に怒鳴られた子です。

「私が新しいのを作ってきてあげるから、それまで私のを使っていいよ」
と自分が作ってきた出刃包丁を差し出した綾子さん。雅君の表情が変わりました。

「ありがと！」

いままで雅君の口からは聞いたこともないお礼のことばにみんなびっくり！　綾子さんの優しさに応えるかのように雅君は張り切って練習を始めました。

「そこは、こう動いたらいいよ」「違うよ、先生はもっと驚いて怒るんじゃないの」
という友だちのアドバイスや意見にも、

「そうだね」
と楽しそうに応えているのです。

子どもたちは、劇のアイディアをたくさん考えました。「どろぼう学校」の授業場面では、歩き方や隠れ方を教えるところを加え、原作にはない間抜けで楽しい「宿題」も考えました。例えば、ゴキブリを盗む、広告の写真のダイヤを盗む、盗るといえば相撲を取る・カメラで撮るにしたり……。クラス全員の創意と工夫で創った「どろぼう学校」劇は、「かわいい、おかしな劇」になりました。劇を「仕上げる」のではなく、劇を「創る」表現活動だからこそ、互いの違いや素敵なところを認め合いながら知恵を出し合い、新しい物を創り上げる活動になったのです。

最後の授業参観は、この≪劇≫の他にグループによる≪詩の発表≫、「できたよ、できた」の一人発表、親たちによる『てぶくろ』(ウクライナ民話)の劇もあり、参加者みんなで創り上げた手作りの温かい会になりました。

文化と仲間との出会いの中で人は育ちます。共に作り上げる文化的な表現活動は、子どもの体と心を開き、つながる力も育てるのです。「時間がないからできない」とあきらめるのではなく、ことばで考え、想像し、ことばと体で表現し合う取り組みを、子どもたちの育ちとの関係でもっと深める必要があると思います。そして、必要な時間は創出するのです。

5 自治的活動 ──《学級文化活動》──

　私が1年生から6年生までいつも、子どもたちの自治的集団活動として取り組んできたのが、《誕生会》《学級クラブ》等の《学級文化活動》です。子どもたちが創意工夫を発揮して、自分たちで考えて作り上げる自主的な活動です。

子ども自身が企画・運営する《誕生会》

　《誕生会》は、低・中学年でも係の子どもたちに企画・運営してもらっていました。

　企画は、例えば誕生月の子の親等に取材して作成する「生い立ちの紙芝居」、「プレゼント作り」（冠やレイ、似顔絵や手紙等）等で、クラス全員で分担します。

　プログラムはいろいろですが、必ず入れるものがあります。

> ① 祝われる子の好きな歌とゲーム。
> ② おうちの人からの手紙。
> ③ "えつ子先生からのプレゼント"。先生からのプレゼントは、"おんぶ"です。

　《誕生会》には、おうちの人を招待して一緒に参加してもらうこともしばしばでした。お父さんやお母さん、妹や弟たちも参加する誕生会は、忙しい親たちがつながる場でもありました。

子どもたちが企画・運営する誕生会

　高学年は中々時間が取れないので、それほど準備が必要ない"遊び"をたっぷり入れた≪誕生会≫にしました。そんな中でも、手作りのプレゼントは重視されていました。放課後友だちの家に集まって勉強したり遊んだり、もめ事もありながら、キャンディーをつなげたレイ等のプレゼントを作る意味は、決して小さくないと思います。

　いま、大学でもゼミの学生たちと手作りケーキの≪誕生会≫を毎月やっています。いくつになっても生まれてきたことを祝ってもらうのは、うれしいものです。祝ってもらう人も、知恵を出し合って協力して進める準備する人も、"仲間と共に育つ"という実感を持つことができるのが≪誕生会≫なのです。

≪学級クラブ≫は、楽しい活動

　≪学級クラブ≫とは、子どもが自由に考えて組織する学級内クラブで、例えば「折り紙クラブ」「ダンスクラブ」「将棋クラブ」等がありました。学校が組織する特別活動のクラブ活動とは別枠で、1年生からやっていました。忙しくて管理が多い学校の中で、子どもたちにとっては楽しい、

自治的な活動です。

≪学級クラブ≫の約束事は一つ──「**クラブの設置や廃部、クラブへの入退会は必ず学級会で承認を得る**」です。好きで始めた楽しい活動であっても、もめ事が起きたり、活動が停滞することもあります。そんな時こそ、自分たちで話し合いながらどうしたら良いのかを考え、解決していくことの大切さを学ぶことができるのです。こうした自主的な集団活動が、飼育活動・栽培活動、読書活動・新聞作り等、教室の文化を作りながら自分たちの生活を考える活動にも発展していきました。

学級での生活が「楽しい」と感じられると、どんなにもめ事が起きても子どもたちの中に"安心の関係"ができてきます。安心の関係は子どもたちの活気を生み出します。同時に、心の中に抱えていた悩み・苦しみ等もことばとなって表現するようにもなるのです。

みんなで解決する──≪提案ボード≫──

私は、教室に３つのホワイトボードを貼っていました。フランスのフレネ学校から学んだ「**私は提案します**」「**私は批判します**」「**私は拍手します**」の３つです。子どもたちが自由に思ったことをこのボードに書きます。

ある時、4年生の教室の≪**提案ボード**≫に、話し合いたいことが書かれていました。

音楽の授業のことで話し合いたい　　　（さとる）

提案者はさとる君。この提案の横に、賛同者の名前が連ねて書いてあります。

「音楽の授業の時、同じことをしているのにぼくだけ注意されて怒られるし、嫌味を言われるから嫌だ。音楽の先生に言いたい」

専科の先生は、専門性に優れた熱心な先生ですが、子どもたちは注意のされ方に不満があるようです。学級会で取り上げることになりました。**学級会**は、教室を"安心の場"にする、子どもたちが自分たちの生活をよ

り良くしていく上で大切な場です。学級会では、他の子どもたちからも意見が出て、「注意の仕方を公平にして欲しいと先生に要望しよう！」と決まりかけたその時、麻子さんが手を挙げました。麻子さんは、学校ではほとんどしゃべらない子です。

「私は音楽が大好きで、先生も大好きです。先生の注意の仕方について文句を言う前に、さとる君たちには悪いところは無いの？　おしゃべりを先生に注意されるとふてくされるじゃない？　文句を言う前に、直す努力をしてからの方がいいと思います！」

涙ながらに訴える麻子さん。滅多に発言することがない麻子さんの言い分に、いままで先生に抗議しようと盛り上がっていた子どもたちは、「シーン」となってしまいました。やがて、「自分たちにも確かに問題はあったけど、やっぱり不公平な怒り方が嫌だ」という意見を経て、結論を出しました。

「まずは、私たちが直すべきところは努力してみて、それから先生に言おう。手紙じゃなくて、直接先生に話しに行こう」

私の友人でもある音楽の先生には、子どもたちの言い分と学級会で話し合っていることは話しておきましたが、この結論を受けて、私も音楽の授業を参観させてもらいました。魅力的な音楽の授業でした。先生と子どもたちとの関係は、子どもたち自身の力で改善されるようになっていったのです。

不満を「ぶつける」のではなく、「ことばにして考え合っていく」ことで、解決への道は開かれました。それが実現できたのは、≪提案ボード≫という道具のお陰でした。

教室を"安心の場"にする≪机の配置≫

≪机の配置≫を工夫していますか？　いままで述べた様々な活動と共に、教室空間が"安心の居場所"を作ると考えています。私は、通常「コの字型」に机を配置していました。子どもがお互いの顔を見て、話し合ったり発表し合ったりしやすいようにするためです。

新年度になると、机や本棚の配置も変えます。たくさんの図書、詩や学習カードを置き、コマやけん玉、マンカラやタングラム、ポリドン等の遊び道具のコーナーも用意しておきました（次ページ図参照）。
　子どもたちの生き生きとした活動を支えるために、**教室空間を変えることは、子どもたちの活気ある生活を作ることにつながるのです。**

６ 主権者として育つために ── 児童会活動 ──

「体育着を変えて欲しい！」── 要求を実現した子どもたち

　子どもたちの要求は、教室の中だけで解決できないこともあります。それは「しかたない」とあきらめるべきでしょうか？　「体操着を変えて欲しい」と声を上げ、実現した小学生たちがいたのです。
　いまは、女子の体育着は小学生でもハーフパンツが当たり前になっていますが、1990年代の終わりごろまで、女子の体育着は下着のような『ブルマー』が主流でした。女子にとってブルマーは嫌なものでした。不満はあっても黙って従っている場合が多い中、声を上げ、変えさせたのが、上尾市立西小学校６年生の女子たちです。
　「ブルマーは下着みたいで嫌だ。中学生みたいなハーフパンツにして欲しい」
　不満をまとめ、声を上げ、児童会の議題にして意見をまとめて要求した子どもたち。何と、ハーフパンツのデザインや色も子どもたちが決めて、とうとうハーフパンツを実現させたのでした（『新婦人新聞』でも取り上げられました）。
　子どもたちの不満が表面化しないか、切実な意見が正式に出されても「体育着について子どもが意見を出すのは、筋が違う」と突っぱねられた学校が多かった当時、この学校は子どもの声を大事にする教師集団だったことも重要でした。

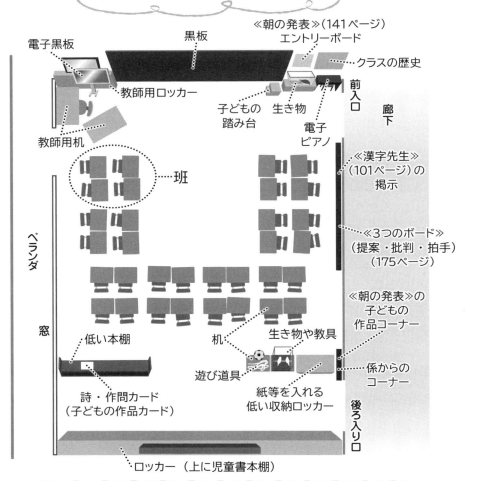

私の教室 （32名の時。低学年〜高学年までほぼ同じ）

- 4〜5人の生活班（係・当番・学習もこの仲間で）
  - 4人がそれぞれ分担する　＊学習リーダー（まとめ役）　＊生活リーダー（まとめ役）
  　　　　　　　　　　　　　＊給食リーダー（まとめ役）　＊清掃リーダー（まとめ役）
  - この他、集め係・配り係も班員が分担
  - 座席は、班ごと・前後2名ずつが原則。
    それぞれの座る場所は、班で相談して子どもが決める。（班内は、席がえ自由）
  - 班決めは、くじ引き。班がえは学級会で。

社会の大切な担い手の一人として育つ

　みんなの不満は要求であり、要求を実現する手立ては話し合いの中にあることを、実感を持って学ばせることはとても重要なのです。

　いま、児童会活動はどうなっているでしょうか。子どもたちが学校の主人公として生活するための自治的な活動となっているでしょうか。子どもたちが自分たちの生活を良くするために不満を持ち寄り、要求を実現し問題を解決していく活動は、主権者として育つために欠かせません。児童会は、自治的な集団活動として大切にしたい活動ではないでしょうか。

　18歳選挙権が実現しました。しかし、主権者として育つためのカリキュラムもなく、「政治教育」をほとんど行えないような日本の学校教育のシステムの中では、未来を創る子どもたちは育ちません。生活の中で起きている矛盾や不満を子どもたちと共に考え合い、解決していくプロセスは、教室の中の小さな出来事の話し合いから始めることができるのです。

九九はできないけど、42÷9がわかった！

子どもは自分で"学びのバイパス"を開く

　「九九」ができない子は算数ができない子の象徴のように言われますが、本当でしょうか？
　私は、九九はできなくてもわり算の世界をつかみ、自分で"学びのバイパス"を拓いた子どもたちに何人も出会ってきました。
　3年生の宏君。九九は2・5・3の段がやっと唱えられるくらいで、「ぼくはできない」と思い込んでいました。
　「42個のキャラメルを9人で同じ数ずつ分けると、1人分は何個になりますか」
　「九九表」を片手にわり算学習をしていた宏君。この問題には困りました。「九の段までの九九表」には、答えが42になるものがないからです。宏君は、タイルとカップで考え、「4個ずつ配って、6個余る」にしました。もう一人、真理さんはタイルの絵を描いて考え、「5個の子と4個の子に分けて、42個を全部9人に配る」です（この他に、数字だけで考えた愛子式・よしみ式・友紀式・たかし式の4通りの考え）。
　まず、宏君と真理さんのやり方の違いを考えていた時、宏君が発言したのです。
　「真理さんは、5こ の子と4こ の子がいて、同じに分けていない」
　タイルとカップを使った宏君の考えは、数字で考えた子たちの根拠になって討論は深まり、「あまりのあるわり算」の意味とやり方を自分たちで発見していきました。友紀式のやり方をみんなで修正して、筆算へも必然的にたどり着いてしまったのです。
　宏君のノートには、ちゃんと≪授業日記≫（156ページ）が書かれていました。

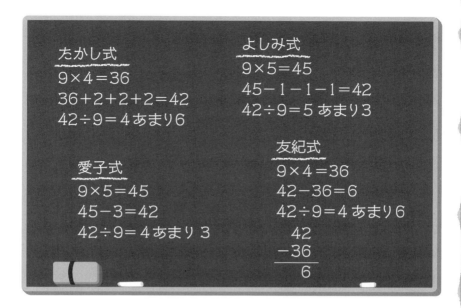

> きょうわりざんがんばた。まりのはちがてた。まりは、ぜんぶくばたけど、おなじにくばるのがいい。どきどきして、はつげんした。がんばた。みんながでしきてよかたて先生がいた。がんばた。

　九九を唱えられない宏君は、タイルとカップの具体物を使って考えることでわり算の意味を理解し、「42÷9」ができたのです。
「宏君のタイルのお陰でよくわかった」
と何人もの子が感想に書き、それを紹介すると家族にも励まされ、宏君はいままでできなかった九九を２週間でマスターしてしまいました。
　宏君は≪朝の発表≫（141ページ）でも「畳職人のおじいちゃんの秘密」をおじいちゃんと一緒になって発表し、たし算もひき算も自分から「復習してみたい」と学習し始めたのです。宏君の中で、「わり算」学習は必然性のある価値ある学びだったのです。
　塾で学習済みだった子どもたちも、

「みんなで考えて、どうしてこういう筆算になるのかわかってうれしかった。こんな筆算を考えた昔の人ってすごい」
と≪授業日記≫に書いていました。
　みんなで考え合い、意見を言い合って討論しながら学習したことが、一人ひとりにとって重要だったことは間違いありません。「安心して間違える」ことができる仲間の中で、綴り、語り合いながら"友だち発見""自分発見"をして、子どもたちは自分で"学びのバイパス"を拓いていくのです。

第4章

疲れ・悩む教師のQ&A
―― 教師って本当にステキな仕事?! ――

第4章　疲れ・悩む教師のQ&A

① 愚痴をこぼそう・相談しよう・みんなで考え合おう

新任教師です。疲れています！

> Q. 4月から新卒で教員になって、わからないことだらけ。教材研究も十分にできず、事務仕事も初めてですごく時間がかかり、朝早くから夜遅くまでやっても追いつきません。子どもたちの指導もうまくいかず、立ち歩く子も出てきてしまいました。他の先生も忙しそうで相談しにくいです。どうしたらいいのでしょうか？

A. 新しい職場では初めてのことが多いので、経験を積んだベテラン教師でも緊張するもの。ましてや初めての教師生活。仕事の優先順位も段取りもわからないことだらけでとまどうのは当たり前です。

「子どもがかわいい。子どもたちにいい教育をしたい」と希望を抱いて教師になったのに、「子どものための時間がない」——悩みますね。

そんな時は、周りの先輩に助けを求めていいのです。事務処理の段取りや授業の工夫、子どもたちの問題等々、思い切って聞いてみましょう。「聞きたいけど、先生たちも忙しそうだし」と遠慮して自分だけで抱え込んでいると、周りの先輩たちも忙しいがゆえにあなたの悩みに気づくことができません。

新任の美紀先生の場合

美紀先生は、夜遅くまで○（マル）つけや次の日の準備・事務処理をしていました。「大丈夫なの？」と聞いても、いつも「ハイ、大丈夫です」と答えが返ってきました。ところがある日、私のところに来て涙をこぼしながら打ち明けてくれました。新任担当の指導教官からいつも「ダメ出し」、管理職からは「子どもの指導ができていない」と言われて辛い、でも同学年の

先生たちには「子育てや校務分掌で忙しそうで、相談する時間もなかった」と言うのです。

「算数の授業のことで教えて欲しい」と言う美紀先生を連れて教材室に入りました。初めて教材室に入った美紀先生は「こんなに使えるものがあるんですね！」と明るくなり、一緒におしゃべりしながら教材研究をしました。その後美紀先生は、他の先生にも助けを求めることができるようになって、ベテラン先生たちが管理職に直接話もして、指導は改善されるようになりました。次第に元気になった美紀先生は、子どもの成長や変化にも目を止めることができるようになっていきました。

子どもたちからもらった美紀先生の「つうしんぼ」には、
「また先生のたんにんがいいです。さんすうがわかりやすい」
と書いてあり、さらにその子の保護者からも、
「先生にご迷惑をかけてばかりいた娘ですが、うちの子は先生のことが本当は大好きなんです。……」
というお便りが届いたそうです。管理職や指導教官が「ダメ」と評価しても、子どもたちや親たちはちゃんと先生を見ています。教師は、仲間の励ましや支え、何よりも子どもたちや親たちからの励ましがあれば元気に歩んでいけます。相談すること、愚痴をこぼすことは大切なことです。

「私がちゃんとできないから……」と自分を責める新任教師たちですが、**「新任は守られ、育てられる権利がある」**のです。

第4章 疲れ・悩む教師のQ&A

ベテランも語る！……この仕事、希望はどこに？

> **Q.** 昔に比べてとにかく仕事が多くなりました。子どもと休み時間に遊ぶこともできず、学級経営や子どもたち一人ひとりのことを考える余裕もありません。いままで私が大切にしてきた授業も、教材研究の時間が中々取れない、子どものトラブル対処に追われて授業が進まない、という現状です。その上、地域に出かけるのも通信を出すのも「報連相」（報告・連絡・相談）です。仲間の教師は、いろいろ悩んだ末に早期退職していきました。この仕事に希望はあるのでしょうか？

A.「教えるとは　希望を語ること
　　学ぶとは　誠実を胸にきざむこと」

これは、フランスの詩人ルイ・アラゴンの「ストラスブール大学の歌」という詩の有名な一節です（『フランスの起床ラッパ』大島博光訳・新日本文庫）。教育の仕事は、希望を紡ぐ仕事のはずです。しかしいま、命を削るような働き方で希望が見えにくくなってきていることも確かです。

「学校の先生方の忙しい実態を知りませんでした。夜遅くまで学校の校舎に明かりが灯っているな、とは思っていましたが、どうしてそんなに忙しいのですか？」

忙しすぎる教師の実態を知らない人も少なくありません。同じ職場にいても学年が違うと、ろくに顔を合わせることがないほどの異常な忙しさ。休憩時間も取れない学校では、「トイレに行く時間がなくて膀胱炎になった」という教師も少なくありません。「仕事が湧いて出てくるよね」という世界で、放課後は全ての教師がパソコンに向かって静かに仕事をしている、という職員室の異様な風景もあります。

仕事が格段に忙しく、窮屈になった理由

1つ目は、朝令暮改の教育政策による仕事量の増大です。

「私たち教員は、誰も見ない書類を何百枚と書かされている」
と東京の中学校教師が指摘しました。まさにその通り。「ゆとり」から「学力重視」へシフトを切りながら次々に求められる多くの課題、出張のたびに持参するレポート、「○○についての分析と対策」等の大量の提出書類作りをさせられています。

　他に、「開かれた学校」で学校公開、地域行事にボランティア参加、対外試合や発表での指導や引率、保幼小連携・小中連携、新しい課題と研修（外国語教育の早期化・教科化、道徳教育の充実、アクティブ・ラーニングの授業改善、ＩＣＴの活用、発達障害を含む特別な支援を必要とする児童生徒への対応、チーム学校等々）。教師に求められる資質とその仕事量は十数年前に比べて数倍にも膨れ上がり、一番大切にしたい子どもとの生活や授業づくりが後回しにならざるを得なくなっています。

２つ目は、仕事の自由度が減少し、裁量権が制限されていることです。
　いま「○○スタンダード」と称する動きは、「きまり」や「規律」となって、教師の専門性をも奪う事態になっています。学級通信さえ自由には出せません。学外に出す文書は管理職に点検されるのです。生き生きとした子どもの姿を伝えて教師と保護者、保護者同士をつないでいた通信が、ただの「連絡文書」になってしまいました。教材で使うプリントも自由に出せず、「楽しくわかる授業」を目指して準備してきた自主教材も、「スタンダード」の下で「教科書でやるように」と言われます。こうした実態さえほとんど知られず、「教師の力量不足」というイメージが世間一般に流されています。

３つ目は、教師同士がお互いに支え合う関係が作りにくくなっていることです。
　本当に忙しい職場です。飲み会さえも億劫になる中で、愚痴を言い合い、助言を求め、支えたり支え合ったりする時間が無くなり、職場がバラバラになってきているところも少なくありません。ストレスを抱えて苦しむ教

師も増えてきています。では、どうするのか？

忙しい日々の中で希望を見失わない5つのポイント

❶ 初心に戻り、肩の力を抜いて、「したたかにしなやかに」生きる。
　仕事は多くなっていますが、仕事に軽重をつけ、「したたかに、しなやかに」やっていくことです。そのためにも以下❷～❺が必要です。

❷ 何でも語り合える仲間を作る。
　同じ職場で仲間を作ることが何よりも支えになりますが、学校外の民間の教育団体や組合、サークルで愚痴を言ったり、相談したり、実践を交流することです。

❸ 子どもを語り、実践記録を綴る。
　愚痴るところから出発しても、いつも子どものことを語っているのが教師。できれば、自分の実践をひとまとまりに綴ってみましょう。その実践記録を検討してもらう場ができると、子どもの見方も深くなり、新たな課題も見えてきます。

❹ ストレスをためない。
　教師の仕事は、外科医・看護師に次いでストレスが多い仕事だと言われています。ストレスをためない4つの方法を、代々木病院の中沢正夫医師が語っていました。
　　1：夫や妻以外に何でもしゃべれる友人を持つこと。
　　2：1日のうち1時間、自分だけの時間を持つこと。
　　3：生涯を通じてできるスポーツをすること。
　　4：生涯を通じてできる趣味を持つこと。
　子どもは、先生の笑顔が大好き。笑顔でいるためにストレスをためないことですが、何よりも次の点（❺）を考えなければならないでしょう。

❺ この異常な働き方を変える。

多くの人とつながり合い、子どもや学校や教師の働き方の実態を語り合い、"不満を要求として集めて、変えていく"ことが何よりも重要です。困難の中に、解決の糸口はあります。希望もその中にあるのです。

「教えるとは共に未来を語ること」──改めて胸に刻みたいことばです。

② 次々に起こるトラブル
──実践を綴って、「子どもの見方」を育てよう！──

どうしたらいい？　騒ぐ子どもたち

> **Q.** 数人の子が授業中に騒ぎ出します。歩き回っている子を注意していると、別の子が騒ぎ出し、そちらを注意していると別のグループが……。どうしたらいいのかわからず、悩んでいます。

A. 授業が本当に楽しい時・興味がある時は、子どもたちも集中します。子どもたちが騒ぐのは、「つまらない！」「わからない！」「私を見て！」というサインだととらえるとどうでしょう。

　子ども理解にもとづく授業の工夫とちょっとした約束で子どもたちが落ち着き、先生に笑顔が戻った例を紹介しましょう。

「先生は怖い」──子どもの日記にハッとした英子先生──

　英子先生は、病休の先生の代わりに急きょ4年生のクラス担任になりました。先生を試すように授業が始まっても中々着席せず、机の上に教科書もノートも出さず私語が絶えない子どもたち。大きな声で注意して叱っても、言うことを聞きません。英子先生は、「先生は怖い。すぐ怒る」と書かれた子どもの日記を持って、サークルでレポートしてくれました。

　その日記を読んだ後、改めて鏡に映った自分の顔を見て、顔のキツさに「ハッとした」と言います。子どもの日記や行動について一緒に考えるうちに、「子どもたちはスポーツ少年団の試合や塾通いで疲れ、学校を息抜きの場にしているのでは？」、「家庭の困難を抱えた子どもたちも、健気に通って来ているんだね」「子どもたちは自信がなくて、自分がどう思われているのか不安だから、おしゃべりしているのではないか」ということが見えてきました。

授業の工夫で子どもは変わる

　塾では教わらないような「楽しい算数の授業」を紹介し、それに取り組むことにした英子先生。
　「面積」の授業は陣取りゲームを導入にし、「図形の周りの長さと面積の関係」では長いロープを使った「電車ごっこ」から始めました。どの子もやってみたくなる授業を始めると、いままで大声で騒いだり立ち歩いていた子もみんなが集中したと後で報告してくれました。毎時間≪わかったこと、思ったこと、もっと知りたいこと≫をノートに書いてもらって読み合うことを試してみました。やってみると、子どものわかり方や思いが見えたそうです。授業の感想もクラスで紹介すると、自分の感想が読まれたり、友だちの感想の中に「○○さんの説明でわかった」と自分の名前が出てきた時にうれしそうにしている子どもの変化をとらえる心のゆとりができたと言います。
　「算数わかんない。つまらない。この教室ヤダ」となぐり書きして立ち歩き、反抗的だった女の子。1か月もしないうちに丁寧な文字で「わかるように教えてくれてうれしい」と書くように変わりました。子どもの中に不安や「わからなさ」がモヤモヤとあるとわかった時、大きな声で注意したり、怖い顔で怒るのを止めた英子先生。悩みをレポートして仲間の助言をもらうことで、子どもの思いに寄り添い、その子の「キラリ変化」を励ますことができるようになったのです。

子どもと決めた2つの約束

　さらに、子どもたちと2つの約束をルールとして決めたそうです。

> ①他人の意見や話を聞く。
> ②困ったことはみんなで話し合って解決する。

　放課後の事務処理は後回しにし、同じ学年の先生と一緒に授業準備等を重点に取り組んでいった英子先生。サークルでも授業の工夫や子ども

の日記等を紹介してくれました。

英子先生は言います。「子どもを待つのは難しいことですが、なぜこうした言動をするのかを考え、子どもの中にあるストーリーを読み取る努力が大切なのですね」。英子先生に笑顔が戻りました。

仲間と共に教師は育つ

私たちが「こうさせたい、ああさせたい」と思っても、本人がその気にならなければできません。「勝手に騒ぐのではなく、心地良く学ぶ方がいい」「困った時はみんなで話し合って解決しよう」と子ども自身が納得すれば、大声で注意したり叱ったりする必要がなくなります。

"その気にさせる"ことは、教師に求められる大きな課題です。そして、教師の「子どもへの眼差し」を育ててくれるのは、子どもの事実と、それを一緒に考えてくれる仲間の存在なのです。

活発に意見が言えるクラスにしたいけど……

> Q. 子どもが活発に意見を言えるクラスを目指していますが、自由に言わせていると収拾がつかなくなります。でも、統制するとみんな黙ってしまいます。どうしたら、お互いを尊重しながら活発に意見の言えるクラスになるのでしょうか?

A. 子どもが活発に意見を言うことと、勝手にしゃべることとは違います。挙手なしで活発に意見を言い合う時は、話し合う論点は一つで明確な時です。自分の意見を言うタイミングも、友だちの意見を聞いていないとつかめません。発言を譲ったり譲られたりするからです。教師は子どもの発言を"交通整理"すればいいのです。

子どもたちが活発に意見を出し合える3つのポイント

❶ 安心の居場所としての教室、安心して間違えることの保障。
❷ 小さなつぶやきや疑問、"わからなさ"が大切にされる。
❸ 他者の意見を聞ける体。

　一方、勝手気ままに言い合う教室では、小さな声やつぶやきは保障されず、他者の考えを聞いて考えることも保障されていないのです。
　「子どもたちが安心して発言できる」のは、正解だけでなく、間違いや小さな疑問・不安、「考えの違いがあって当たり前」ということが保障され、一人ひとりの考えるプロセスが大切にされることを実際に体験した時です。子どもたちの学びづくりの中で、どの子もお互いを尊重しながら意見が言い合える関係づくり・学級づくりは、できるのです。

意見を言えない背景を考える

　第1章に書いたように、多くの子どもたち（大人も）は、世代を超えた「はやく、効率よく、正確に」という競争の価値観に小さいころからさらされています。早期教育を受けて「『×』は悪いこと」「間違いはしないほうがいい」と思い込んでいる子がほとんどです。それは、子どもが間違えたり失敗して恥をかかないように、大人たちが先回りして配慮してしまうことが多々あるからではないでしょうか。
　失敗や間違いは生きていく上でつき物です。でも、そういう経験が少ないまま成長したらどうなるでしょう。子どもが自立するためには、自分で考え自分で判断していくことが重要です。それを学校生活の中で保障すること、特に一番長い時間を過ごす授業の中で保障することが求められているのです。授業内容の豊かさは、自由で安心の居場所を作ることと共にあります。
　活発な意見交換は、授業内容が面白く豊かであれば、基本ルールを確認して約束するだけで十分可能です（時間はかかります）。

基本ルールは、子どもの実態によって違いますが、私は「**他者の意見を聞く**」、「**挙手して発言する**」、つぶやきとは違う「**不規則な発言はしない**」ことにしています。

方法論の一人歩き

「少人数だと安心して意見が言える」と、ペア学習やグループで話し合う学習方法が各地で流行しています。2015年度からは「アクティブ・ラーニング」が、学習方法のパターン化やその活動を組み込んだ授業形態というレベルに留まったまま、先取りで小・中学校の現場に下りてきました。しかし、方法論だけが一人歩きしてパターン化された授業をしても、活発な意見が言える授業にはなりません。「間違えると恥ずかしい、バカにされるのが怖い」という子どもたちの気持ちは変わらないままだからです。日本の民間教育運動を支えてきた先輩教師たちは、子どもたちが「わかる・楽しい」授業にするために、子ども理解の上に立って能動的・協働的な内容を方法と形態と共に研究・実践してきました。「**授業の方法**」**ばかりではなく、何よりも子どもの現実を見すえた「授業の内容」の検討が大切なのです**。その上で、活発な討論の方法と形態を柔軟に創造していくことが求められているのです。

「甘い顔をしないで、厳しく指導するべき」と言われるけれど……

Q.「体罰はいけないが、指導は厳しくするべき」「甘い顔をするから子どもがうるさくなる」という雰囲気が学校にあります。私は、子どもを押さえつけるような指導は違うと思っているのですが、「優しいから、子どもがうるさい。もっと厳しくやってもらいたい」という保護者もいるようで、悩みます。

A. 「学力向上競争」に拍車がかかる中で、2000年の東京都を皮切りに教職員の人事考課制度が全国で導入され、教職員と子どもたちへの管理は厳しくなりました。学校と教員が競争の評価の対象になってきたのです。

私が参加しているある学習会で、子どもの"管理"が話題になり、次々に実例が出されました。

- 先生たちは声を出さず、ハンドサインだけで子どもたちを整列させる。
- 全校集会では、全員が"体育座り"をして怖いくらいに静かに待っているのが日常。
- 特別教室への移動の際、高学年でも一言もしゃべらずにきちんと整列させて教師が引率し、移動させる。
- 「安全のため」という理由で、家を出てから教室に入るまで登下校中はしゃべってはいけない。
- 「子どもを締める」という言い方が普通に使われている。

……等々、話は尽きません。

子どもがにぎやかなのは当たり前！

その学習会に参加していた巧先生。巧先生が勤務する学校も子どもへの"管理"が厳しいところです。子どもの討論が面白かった時のことを報告してくれました。

「子どもがにぎやかなのは当たり前。『3年1組はうるさい』って、ぼくのクラスはいつも言われてるけど、いいんです」

巧先生は、3年生国語・説明文「ありの行列」（光村図書）の段落分けでの討論の様子をレポートしてくれました。

「簡単に終わると思っていたところですが、どこが『はじめ』の部分になるのかを考え合うと、子どもたちはそれぞれちゃんと根拠を述べて発言していたので、自由に発言させました」

子どもたちの活発な意見交換は続き、2つの意見に割れたまま結論が出ず、巧先生は自分の考えを言ったそうです。すると何人もの子どもたちが、
「先生の考えは、違うと思います」
と発言したという報告でした。

"管理"では自立・自主性は育たない

子どもは"管理"ばかりされていると、自由に考えたり、意見を言ったりできず、先生の正答を追うだけになります。巧先生の教室の子どもたちは、先生の考えについてもしっかりと理由を言って反論していました。子どもたちの自立や自主性は"管理"の中では育たず、一人ひとりがお互いに大切にされる安心の関係の中でこそ育つのです。

学校の集団生活の中で社会性を学ぶ子どもたち。教師は子どもを「管理する人」ではないはずですが、"競争"と"管理"が一体となって学校現場に持ち込まれると「指導」という名の下に、子どもを力で押さえつけるような"管理"が起こります。厳しく"管理"する指導を是とするのか否か、教師自身の価値観が問われているのです。

子どもたち同士のトラブルや「問題行動」をどうする？

> **Q.** 子どもたちのトラブルや「問題行動」にどう対応したら良いのか迷います。いじめたり仲間外れにしたりするところも見かけます。それぞれの言い分を聞いて仲直りできる低学年はいいのですが、高学年の子どもたちの指導は本当に悩んでしまいます。

A. 子どもが育つ上でトラブルはつき物です。低学年と、思春期を前にした子どもたちでは問題も課題も違いますが、低学年でも小さなトラブルから保護者同士の問題に発展することもあります。

大切なのは、どんな小さなことでもそれぞれの子どもの事情や胸の内を

丁寧に汲み取ることです。そのためには、前担任や同じ学年の仲間、放課後児童クラブの指導員さんとつながって、子どもの生活や背景を知り、子どもの辛さや思いに寄り添って一緒に考え解決の道を探ることが大切だと思います。

4年生のいじめ ── 緑さんの辛さを共有できるか ──

前担任の退職後に受け持った4年生。始業式の後、自由に着席させてみると、見事に女子と男子が分かれて座っていました。初日の掃除の様子を見ていると、緑さんの机だけ運ばず、すれ違いざま耳元で「バイキン」「ガイジン」と言う男子がいました。そのつど注意をしても、そう簡単には変わりません。家庭訪問でお母さんから伺ったのは、転校してきてからいじめが始まったこと、2年の時はお父さん同士が大喧嘩になったこと等です。いじめを受け、辛い思いをしていた緑さん。いがみ合う保護者たち。やがて、男子たちの課題も見えてきました。家庭の困難や忙しい生活の中で、自信がなく「自分はダメだ」と思い込んでいるのです。どのように子どもの関係を作り替えていくのか、私は悩みました。

緑さんの《生活ノート》

ほどなく、緑さんは《生活ノート》にいじめられていることを書いてきました。

男の子たちにいじめられた
緑
わたしは2年の時に転校してきてから男子にいじめられました。何もしてないのにけとばされた時はとてもがまんができなくて、わたしは泣いた。とてもいたかった。女の子にも悪口を言われた。2年の時はけとばされて、手や足なんかにあざもできてお母さんにもおこられた。ほんとうはじぶんでなおせばよかった。きゅうしょくのかたづけがおそくてみんなにもんくをいわれた。いろいろ

> 言うと男の子によけいにいじめられた。わたしはうちにかえると
> いつもこんなことを思った。「まえの学校にいたほうがもっとよ
> かった。男の子もけったりしなかったし、口で言うだけだった
> から、むこうの学校のほうがよかった」
> ３年生もまた２年の時と同じようにけとばされて泣いた。男の子
> はおもしろがってやってきたけど、先生におこられて２年の時よ
> りも少しだけやらなくなったので、あざは少なくなった。４年生
> になったらけとばされはしなくなった。わたしはほっとした。でも
> こんどは口でいじめられた「バイキン」とか「ガイジン」とか言わ
> れた。きゅうしょくの時にはんになるけど、男の子はわたしのつ
> くえとはくっつけない。言いかえしたほうがいいと思うけど言えない。
> わたしはバイキンではない。ちゃんとおふろにも入っている。わ
> たしは早口だからガイジンといわれる。わたしはガイジンではな
> い。日本人です。

私は次の返事を書き、緑さんのがんばる姿をクラスの子どもたちに知らせたいと思いました。

> 緑さん２年間もつらかったね。転校してきてだれも知ってる人が
> いない時に、あざができるほどけとばされたり、悪口を言われた
> りして、いたくてさびしくてかなしかったね。お母さんもお父さ
> んも大事な緑さんが心配で何とかしたいと思っていたんだと思
> います。決してあなたが悪いわけじゃないよ。そんなつらいことを
> 作文に書いて、きっぱりと「私はバイキンじゃない。」という緑
> さんはすごいなあと思いました。亜紀子さんや洋子さんはいつも
> あなたが困った時そばにいてくれますね。いい友だちがいるので
> すね。
> 先生は必ず緑さんがこの教室で楽しく生活できるようにします。
> 困ったことがあったら何でも言ってください。いつでも相談に

> のります。先生はあなたの味方です。
> よかったらこの作文をみんなにも読んでもらいたいのですが、どうですか？

　緑さんの手紙はすぐには読み合わず、もう少し緑さんのことをクラスの子どもたちが理解してから、と考えていました。

緑さんのがんばる姿を見た子どもたちは……

　4年生になって初めて手にする地図帳を、緑さんはよく見ています。他の子たちも地図帳には興味を持っていました。そこで、「たくさんの情報がある地図帳を使って、自分で調べる授業をしよう！」と考え、「『桜島』についてできるだけ多くのことを2人で探そう！」と社会科の時間に提案しました。緑さんは隣の席の昇君とやります。初めは嫌がっていた昇君も緑さんの勢いに押されて一緒に調べ出し、いつの間にか夢中になって30項目近く「桜島」について調べ上げました。もちろん、ダントツの一番です。緑さんたちががんばったことを通信にも載せて知らせると、「緑さんがこんなにがんばる人だとは思っていませんでした」と《生活ノート》に書いてくる子が出てきました。他の子たちのがんばる姿も意識的に伝えて

いった数日後、緑さんの《生活ノート》を読み合ったのです。シーンとして聞いていた子どもたち。でも、俊也君たち数人の男子は冷ややかな態度のままでした。続きは次の日にやることにしましたが、翌朝、和美さんが「俊也くんたちに泣かされた」と《生活ノート》に書いてきたので、緑さんの《生活ノート》をもとにみんなで考え合うことにしました。

話し合いの中で友だちの辛さを知る

「緑さんがあざを作っているなんて知りませんでした。清二君に蹴られているのを見ていたけど、怖くて何も言わなくてごめんね」

「蹴ったりぶったりしたのは悪い。でも緑は好きじゃない」

「好きじゃないからって、ぶったりしていいわけないでしょ」「私も清二君たちにやられたことがあったけど、やめて欲しい」

いままであまり意見を言わなかった大人しい子たちが、少しずつ口を開いていきました。作文を読み合ったからといって簡単に解決したわけではありません。しかし、子どもたちの心の中に友だちの辛さや悲しさが染みわたれば、解決の道はあると思いました。

保護者と共に考え合う

保護者会でも緑さんのお母さんが訴えました。ぎくしゃくしていたお母さんたちが、わが子の言動にとまどいながら、それぞれの家庭でも子どもたちと話し合って一緒に考えようとしていました。時間をかけて、子どもたちの関係・保護者同士の関係は、少しずつ変化していきました。

「いじめは決して許されることではない」ことを毅然と指導すると共に、子どもたちの心のひだに添う指導が求められています。それは、いま進められている「道徳」の教科化で解決されることではありません。子どもたちの切実な事実を具体的に考え合い、学び合うことです。一人ひとりの中に、他者を思いやること、相手の気持ちを考えたり感じたりできることが豊かに育つようにしなくてはならないのです。担任一人では解決できない問題も、保護者たちと共に考え合うことで道は開けるのです。

❸ 子どもを真ん中に考えよう！
——子どもを語り、明日の授業をつくる——

🌢 「こなす授業」から抜け出したい！

> **Q.** 「学力向上のため」と、朝から漢字や計算の時間を取り、宿題も多くなって、子どもを追い詰めているように思います。子どもたちにわかるように丁寧に教えたいけれど、内容が多くて教科書をこなすので精一杯です。子どもたちの理解度にも差がありすぎて、急いで教えるとわからない子の手当てが大変です。どうしたら、「こなす授業」から抜け出せるのでしょうか？

A. 教科書を順に「こなす」とどうなるか。子どもたち一人ひとりの理解度の差、理解に至る道筋の違いは無視され、「わからないのは自分がダメだから」と子どもたちを追い込むことになりかねません。子どもたちがイライラする大きな原因の一つです。

「こなす授業」から抜け出すためには、子どもたちが「**楽しい、もっとやってみたい**」「**自信が持てた**」という授業をつくることです。そのためには、**カリキュラムに軽重をつけて実践すること、実践を同じ学年の仲間や学校で検証していくこと**が重要ではないかと思っています。

カリキュラムに軽重をつける

私は、子ども一人ひとりのペースを大切にしたいと思っていました。授業は、同じ学年の仲間と相談して一緒に、軽重をつけて取り組みました。重点にする単元を決めるために、まず指導要領や教科書を分析します。子どもに教えるべき内容を明らかにし、子どもたちの意欲や理解の視点で教科書の問題点を明確にします。時間数は大幅に超えないように考えつつ、様々な実践を参考に、自分たちの学校やクラスの子どもたちの実態に合

わせて、子どもが身を乗り出してやりたくなるように学習計画を作ってきました。ドリルも**個別の「学習計画表」**（フランスのフレネ学校に行った際に学んだもの）を作って、自分のペースでできるようにやっていました。

算数の授業づくりで特に大切な6つの視点

どの学習にも共通しますが、特に算数の授業づくりで大切にしたい点についてまとめてみましょう。

❶ 子どもの目線、生活や興味から出発し、「どうしても解き明かしたい課題」を作る。

❷ 子どもたちの意欲、認識を深める具体物や半具体物の操作、実感を大切にする。
　教具や半具体物は子どもたちの思考・討論の共通の「道具」となります。

❸ 討論で解決する。（討論と「学び合い」は違います）
　子どもたちは自分のことばで語りながら、互いの声も聴くことができるようになるのです。「討論で解決する」をもう少し解説しましょう。
　① 教えたいことは、討論の中で子どもたちに発見させる。
　② 討論の前提として、実感を大事にする、友だちの意見や考えを聴く体にする、聴き合う場面を設定する。
　③ 討論が混乱しても、考えさせる場面を創ることが大切（混乱する過程も、子どもが自分で論点を整理する上で大切）。
　④ 討論は、共感して聞いてくれる仲間の存在があれば、「違う意見のお陰で学びが豊かになった」実感を持てる。
　⑤ 討論しながら、「まんざらでもない」自分発見、仲間として共に育つ友だち発見ができ、意欲を育てる。

❹ 生活や現実生活とつながっている実感を創るために、生活から

出発し、総合的に学ぶ≪探検活動≫（148ページ）や、≪問題作り≫（121ページ）≪レポート作り≫（128ページ）を意識的に取り組む。
❺毎時間、授業の中で≪わかったこと、思ったこと、もっとしりたいこと≫、≪授業日記≫（156ページ）を書き綴り、自分の学びを2度くぐる。
❻子どものやる気を引き出す評価をする。

こうしてつくった私の実践は、拙著『こどもといっしょにたのしくさんすう』（小学1～3年・小学4～6年・一声社）に詳しく載っています。

仲間と実践を交流し、共に考える

目の前の子どもたちと授業をつくっていくことは、一人ではできません。仲間と子どもの事実を語り合い、一緒に明日の授業をつくる中で、元気と見通しが生まれてきます。政治や経済・教育政策等広い視野で考えることで希望は生まれるのです。職場やサークル、全国各地で開かれる研究会・学習会に参加して仲間と共に学ぶことが求められます。

「学力テスト」に悩む教師たち

「学力テスト」の実態があまりに知られていないと思います。6年生担任の教師たちから、多くの苦しみの声を聴いています。

「『先生、オレもう十分バカってわかったから、もうテストやらなくていいから。家に帰らせて！』と言われて、『そんなこと言わないで、がんばりなよ』と説得している自分が本当に嫌になりました。子どもにこんなことを言わせてしまうテストなんて、やる必要ないです」

「『オレがやらない方が平均点上がるよ。だから帰る』とまで言われて本当に辛かった。でも一番辛かったのは子どもですよね」

「学力テスト」の順位を上げるために、5年生の3月は「学力テスト」の「過去問題」、春休みに大量の宿題＊、6年生になっても学力テストが終わ

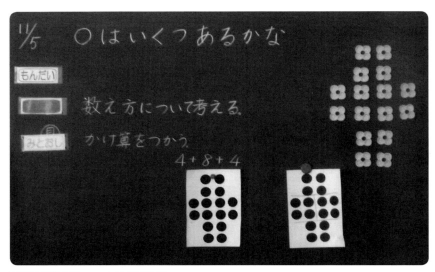

著者の算数授業——ある日の黒板

るまで新しい教科書は配らないし、やらない、という地域まであります。何のための学力テストなのか？——「こんなことでは、子どもたちの学力がつかないし、やる気も出ない。その上『できる、できない』が重要になるので子ども同士の関係がよくない」と悩む教師が多いのです。

　（＊例：「学テ過去問を宿題に　福岡の春休み　市内全校で導入も」（『毎日新聞』福岡、2016年3月26日夕刊）

❹ 子どもを真ん中につながろう

クレームをどう受け止めるの？

> **Q.** 保護者は自分の子どものことしか考えないのでしょうか。「A君のせいで、他のクラスより授業が遅れ、できる子の足を引っ張っている」とか、係の分担や学芸会の配役にまでクレームがつくと嫌になってしまいます。また、子ども同士のトラブルがあると、直接担任に言わずにすぐ校長や教育委員会に訴える方もいます。保護者への気遣いやトラブルで疲れています。どうしたらいいのでしょう？

A. クレームの手紙や電話には、確かにびっくりしますよね。いま、「保護者や地域住民への対応が負担」と感じる教師が多いのも確かですが、**まずは落ち着いて真意を受け止めることを大切に**したいと思います。

朝届いたお便りには、私はすぐには返事を書きません。「勝手な言い分だな」と思うと、返事がきつくなるからです。自分の気持ちも落ち着いた下校直前から書くことにしていました。親たちも、子育てが孤立して「孤育て」になって悩み、仕事で大変な思いをしている方も少なくありません。また、メールやSNSに慣れ親しんでいる人は、相手を思いやって話すことが上手だとは言えず、自分の思い以上にきつい内容になりがちです。そのことにまずは心を寄せたい。

保護者のクレームにはそれなりの意味があります。子どもと同様にその言動の裏にある思いや背景にも耳を傾けることが必要ではないかと思っています。その上で**一緒に考える**という姿勢が一番大切ではないでしょうか。

よく聴いて、じっくり話し合う

新任先生のクラスで算数を一緒に担当していた時のこと。放課後、お

父さんが職員室に怒鳴り込んできました。お酒も少し入っているようで、強面(こわもて)で体格のいいお父さんの声に若い女の担任は震えていました。

「オレの子どもの宿題を見ていたら、90度ってことを教えないで、『この形が直角です』だなんていい加減な教え方をしているようだが、何なんだ！」

算数担当の私と男性の教員も一緒に立ち会い、よく話を聴きました。

「忙しいのに、子どもの宿題をちゃんと見てくれるお父さんはそういません。その上、教科書の問題点もちゃんと指摘してくださり、すごいです」

と話し始めると、少し落ち着かれました。よくよく話すと、

「オレは女の先生は大嫌いだ。小学校の時に理由も聞かずにすぐ怒る先生がいて……」

と2時間ばかりして帰られたお父さん。最近仕事でリストラされたこともポツポツと話してくれました。そして、

「ぜひ、教育委員会や文部科学省にお父さんの疑問や意見を伝えてください」とつけ加えると、

「昔の先生に会ったら、オレが恨(うら)んでいることを話しておいてくれよ。先生たちもがんばれよ！」

と言って出て行ったのです。

大人たちも様々な困難や厳しい現実の中で生活しています。どんなクレームでも、まずはよく話を聴き、膝を交(まじ)えて話し合うことです。「すぐに謝ること」と指導する管理職もいますが、謝れば解決するのではありません。継続して話し合うことが大切です。

保護者同士のつながりを作る

そして、もう一つ大切なことは、**保護者同士のつながりの場を作ること**です。SNS等でつながりが多いように見えても、それがストレスになっている保護者もいます。顔と顔でつながる場を作りたいと思います。「忙しくてそんな時間はない」という声もありますが、様々な工夫ができます。何しろ、懇談会後の昇降口での立ち話のにぎやかなこと。本当はもっと

話したいのですね。

　保護者たちをつなぐ方法は、たとえば**回覧形式の≪おしゃべりノート≫**、これが難しければ、絵本を添えての≪おしゃべりノート≫等もできます。≪おしゃべりノート≫に書き、他の方の書いたものを読むと、自分の子どもだけではない「子ども観」が育ちます。「悩んでいるのは、私だけじゃない」ことに気づき、保護者たちの間に安心感が生まれます。安心は子ども同様につながり合う一歩を作ります。

　「クレーマー」とレッテルを貼ればつながることはできません。大切なのは、つながりながら子育てをしていくという価値観です。**"教師の仕事はつなげる仕事"**です。子どもたちを新しい知の世界とつなげ、子どもたち同士をつなげ、保護者や地域をつなげます。その中でつなぐ主体も育てるのではないかと思います。

虐待、困難を抱えた子どもたちを、どう把握するの？

> **Q.** 家庭での虐待を見つけたら報告するように言われていますが、そもそも虐待は見えにくいものです。子どもの家庭環境を深く知らないと判断できませんが、いまの働き方ではそこまで深く知るのは難しいです。プライバシーの問題もあり、どのようにして、どこまで把握すればいいのか、わかりません。

A.「児童虐待の防止等に関する法律」が成立したのは2000年。いたいけない幼子たちが虐待によって命を奪われるという痛ましい報道が後を絶たず、そのたびに心が痛みます。

　学校で虐待を発見することが多々あります。例えば、次の点を注意して見てみましょう。**給食の食べ方、身なり、忘れ物の状況等々。また、発育測定、健康診断結果の治療状況、友だち関係等**です。

　一方、家族の関係はよく見えないもの。私たちは、給食時間の何気な

いおしゃべり等から家庭の状況を知ることもありました。また、時々同じ学年の先生たちと実施していたのが≪今日の朝食風景を絵で描いて≫です。その時の部屋の状況、自分の気持ち、おうちの人の話しことばを吹き出しで書いてもらうのです。これで子どもたちの個食、孤食、粗食の実態がわかったこともあります。

　でも、本当に辛い思いをしている子は描けません。その場合は、日記や≪生活ノート≫等と一緒に総合的に子どもを見ていくことです。様々な点に注意して総合的に見ていくと、家庭の状況等も見えてくることがあります。このようにして虐待を発見し、子どもを児童相談所に保護してもらったり、DVで辛い思いをしている親子にシェルターに避難してもらったこともありました。

1年生のみきさんのこと

　1年生のみきさんは、入学当初からとても気になる子でした。何かあると大きな声で赤ちゃんのように泣き、一度泣き出すと中々止まりません。描いた絵も気になるタッチと色使いです。担任の若い先生も困っていました。

2年生のある日、頭に大きなコブを作って登校してきました。どうしたのかと尋ねると「机にぶっつけた」と言います。すぐに保健の先生に診てもらうと、おうちでいろいろと辛い目にあっていたことがわかったのです。すぐに対処しました。連絡帳に、
　「おうちで作った傷のようでしたが、校長先生にも見ていただいて、学校で手当てをしました。よろしくご理解ください」
と保健室の先生に書いていただきました。「学校は、傷を知っているよ」とさりげなく伝えたのです。このケースでは、その後お父さんやお母さんとも膝を交えて話し合うことができ、子育ての悩みを聴きながら一緒に考えていくことができました。

アンテナを高く、子どもを見守る

　しかし、多くの場合は見えにくく、難しい問題を抱えていることも少なくありません。教師に必要なことは、**"子どもの様子や変化を見極める心のアンテナを高く"** していくことです。そして、**"保護者とつながりを作る"** ことです。

　「チーム学校」が強調され、スクールソーシャルワーカーも全公立中学校区に配置、スクールカウンセラーも全公立小・中学校に配置する方針が出されました（2016年、第3次犯罪被害者等基本計画）。しかし、スクールカウンセラーや相談室等を置いただけで問題が解決するわけではありません。やはり、子どもたちと過ごす時間が一番長い担任教師が、アンテナを高くして子どもを見守ることが大切ではないかと思います。そして専門家ともつながる等、**"担任教師が中心となって子どもを真ん中にしたつながりを作っていく"** ことです。つながるということは、連絡を取り合うだけではありません。それぞれの立場で見ている子どもの様子や家庭での状況等 **"子どもの見方の共通理解"** をすることです。こうした中で、教師自身のアンテナも、磨かれていくのです。

教師として育つとは?
——"子どもと共に育つ伴走者"——
終わりにあたって

求められる2つの"そうぞう力"

　教師として育つ上で大切なことは何か？　子どもたちの日々の姿と自らの働きかけを通して、「子どもをどうとらえるのか」「指導とは」を問いながら、"子どもと共に育つ伴走者"であることを発見していくことではないかと、私は思っています。

　「子どもをどうとらえるのか」「指導とは」を考えた時、教師に求められる大切なことは、2つの"そうぞう力"ではないでしょうか。

　一つ目の"そうぞう力"は、相手の立場に立って考えられる"想像力"です。私たちの仕事は、相手がいまどんな思いでいるのかを考えなければ成り立たない「コミュニケーション労働」です。すぐにキレる子、「やりたくねえ」と投げ出す子、自分に自信のない子等々、子どもたちの困難に出会った時、子どもたちの願いや思いと同時に、地域に生きる親たちの生活や願い、その背景にある社会の問題まで見ようとしないと、本質は見えません。

　もう一つの"そうぞう力"は、"創造力"です。困難な課題に直面した時、子どもに寄り添った授業や活動・学びを考え創り出す創造力、45ページのまさお君の担任が学童保育所や家庭と学校のつながりを創り出したようなしなやかな創造力です。

"共生"の価値観を育む4つのポイント

　"競争と格差"の社会で、様々な困難を抱えながら生活している子ども

たちに、いま求められているのは、仲間と育ち合う"共生"教育です。それは、教師自身の"競争から共生へ"の価値観の転換が問われることに他なりません。そのために次の４つの視点が大切だと考えています。

- ❶ 子どもの言動の裏にある要求や願いに耳を傾け、心の声が聴けるということ。
- ❷ 発達主体は子ども、その原動力は子どもの「内なる力」。
- ❸ 子どもは、安心の居場所で、文化と仲間との出会いで育つ。
- ❹ 生き辛いをつながりへ。

「いろいろ理想はわかるけれど、私には無理」と思う方に伝えたいのは、誰もが未熟で悩める教師として育ってきたのだということです。

教師として成長した節目

学生時代──取るべき"３つの単位"と学ぶべき"４つの課題"──

私は、教師になるために大学に入ったわけではありませんでした。中学・高校生のころの夢は「天体物理の研究」でしたが、第一志望の大学入試に失敗したのです。挫折感を味わいながら教育学部に入学したものの、夢を捨てきれずに「この大学を早く辞めよう」と考えていました。1969年春、学生たちは「大学移転問題」「ベトナム戦争反対」「沖縄返還・安保廃棄」の問題等自分たちの生活や権利、政治・社会の問題に取り組んで、喧々囂々討論するのが日常だったころです。そんな大学１年生だった時、私の進路を決定づける大きな出来事がありました。一人の現場教師との出会いです。

「突っ張った（？）生徒たち」が教師や仲間たちの中で成長していく姿と、その中で成長していくのも教師だと熱く語ってくれたのです。それに感動した私は、「小学校の教師もいいかもしれない」と思うようになりました。以来、大学の講義にも出るようになり、仲間と自主ゼミをやり、社

著者

会の問題にも関心を持って考え始めるようになりました。清水寛先生から、「未来の教師*は、大学で取るべき3つの単位と学ぶべき4つの課題がある」と教えられ、古典を読み、政治や教育をめぐる情勢について議論し、自治会活動をしながら学生時代を送ったのです。

　学生時代に取るべき"3つの単位"とは、第1に、科学の最高峰を学ぶこと（教育で言えば教育研究の最前線を学ぶこと）。第2に、仲間の中で学ぶこと。第3に、恋愛をすること。

　学ぶべき"4つの課題"とは、第1に、モノの見方や考え方の基本である哲学を学ぶこと。第2に、経済学。社会の全ての活動の土台となる経済がどのような仕組みなのかを学ぶことで、教育の問題も深くとらえることができるようになるからです。第3に、全ての物事を歴史的に学ぶこと。第4に、教育に携わる者として人間の発達を学ぶこと。

　講義の内容やことばの深い意味をまだ十分には理解できていなかったものの、「生活と教育の結合」（川合章先生）や「生活教育」のことばが、私の中で「地下水脈」となって流れ始めていました。

教師として育つとは？

　いま、管理や多忙の中で悩み、行き詰まっている新米教師たちもよく言います。「支えになったのは、学生時代に学んだ"子どものとらえ方"や教科教育の本質のとらえ方だった」と。私自身の実感ですが、現場に出て「子どものとらえ方」を深く実践的につかみ直すことと、大学時代の学びは大きく関係しているのです。学生時代に大いに学んで欲しいと思います。

＊未来の教師……40数年前、全国の教育系学生たちが集まって行っていた全国教育系学生ゼミナール（通称「全教ゼミ」）の機関誌名にあやかり、当時、私たちは「未来の教師」と呼ばれていました。

新任時代の苦い経験

　「先生、子どもを泣かせてまで教えないで！」
　新任で3年生を担任した私が、子どもから言われたことばです。
　わり算の筆算「52÷4」を、タイルを使って教えていました（当時、教科書ではタイルを使っていません）。「わかった」と言う子が多い中、「わからない」と言う算数が苦手なひな子さんに、私は繰り返し一生懸命に説明していました。
　「ここは十のタイルが5本で、3人に分けるからここに答えを書くでしょ。これが"たてる"だよ。次は……」
　丁寧に説明していたつもりでしたが、そのうちにひな子さんは下を向いて泣き出してしまったのです。その時、和彦君に言われたのです。「泣かせてまで、教えないで！」と。
　このことばは、私の胸に刺さりました。「できるようになって欲しい」と一生懸命だった私。説明されればされるほど頭が真っ白になり、うつむいて涙をこぼすひな子さん。彼女に深く謝りながら、3年生の子どもの友だちを思いやる抗議？に恥ずかしくなりました。教師や大人たちが「子どものために良かれ」と思っている"指導"が、本当は違うのではないか、「学ぶ主人公は子ども自身」であることを気づかされました。学生時代に学んだ「発達の主体は子ども」が、私の中に実感できた出来事だったので

す。

　「いい教育がしたい」と願って教壇に立った新米教師の私。この苦い経験が、「子どもをどう見るのか、どうとらえるのか」「指導とは何か」の問いを常にもちながら実践していく、その後の私の教師生活の出発でした。

教育実践の大きな転換点——"実践記録"——

　私は新任の頃から、拙（つたな）い実践をまとめて実践報告をしていました。「こんな取り組みをした。あんな授業をして、地域に出かけてこんな人に出会って、親も参加して……」と、自分ががんばった「成果」を発表していたのです。ある時、「一人の子どもの変わっていった姿を"実践記録"にまとめてみたら」と勧められ、自分の実践を振り返ってみました。子どもの授業ノートや生活ノート（日記）、親たちとの交換ノート、通信、授業プリント等、働きかけた事実と子どもの変化を中心に"実践記録"を書くようになって、私は変わりました。実践報告の時には見えなかった子どもの内面の事実や小さな変化を見ようとするようになったのです。働きかけの一つひとつの意味を子どもの事実から丁寧に吟味して実践を進めるようになりました。その中ではっきりしたのは、「発達の主体は子ども」「原動力は内なる力」という視点です。「生活の主体者」としての子どもをとらえる教育実践での大きな転換点でした。

　同時期に、算数・数学の基本的な研究と算数の授業づくりを始めたのです。子どもの現状から出発し、子どもの立場に立ち、教科書を越えた授業づくりです。教師としての算数の学びは、深い子ども理解と深い教材研究への一歩でした。

　その時に生まれたのが77ページにある「比例」の学習です。子どもの否定的な言動の裏にある願いや思いを汲み取る授業づくりは、算数・数学教育研究の最先端を学ばなければ実現できません。同時に、単に誰かの実践を模倣しても実現できません。どの子も「やりたくなる算数」は、ワクワク・ドキドキの発見、「問い」を育てることに始まります。第2章で紹介したように、「生活に根差し、総合的に学ぶ」ことで算数の学びは

子どもをおんぶする著者

深く豊かに広がりました。子どもは学びの中で変わり、子ども同士の関係さえも変えることを実感したのです。「子どもは仲間と文化（教科学習も含む）の中で変わる」ことへの確信でした。私は、仲間と共に「生活教育の算数」を追求し始めました。

　"実践記録"は、教師自身が実践の主体者として育つための"教師の綴り方"です。子どもたちが仲間の中で成長するように、教師もまた仲間（研究者も一緒に参加するサークルや研究会）の中で教師として成長していくのではないでしょうか。

「系統学習」の算数、「反復練習」の算数との論争
―― 深い"子ども理解"と"教材理解"――

系統学習との論争

　「系統的に教えればわかるはず。子どもの討論はかえって混乱するだけ」「そんな面倒な討論なんてしないで、タイルを使って丁寧に教えればみん

なわかるはず」

　私が、圭君たちの「73÷3」の授業を実践報告した際に出た意見です。教員になって10年目、全国教育研究集会での出来事でした。実際の子どもの考え方や討論の様子、授業後の授業日記、変わっていった子どもたちの姿をレポートしたのですが、これに対して反論が出たのです。ほとんどは、「タイルでの説明を工夫することこそ大事」という意見でした。他の多くのレポートは、どのように教えるのかを書いてはいても、学びの主人公である子どもの思いや、子どもの生活も含めた具体的な学びの姿が見えないものばかりでした。子どもの課題や姿が、教科学習との関係で明確にはなっていませんでした。議論は尽くせませんでしたが、その後も教育雑誌に執筆し、様々な研究会でも問題提起し続けました。

反復練習との論争

　やがて「学力低下」が声高に叫ばれ、岸本裕史に始まる陰山英男らの「百マス計算」等が流行すると、算数教育では別な課題が浮上しました。表面的には繰り返しの反復練習による算数「学力向上」との対立に見えましたが、根本的には「子どもをどうとらえるのか」「指導とは何か」という教育に対する考え方の違いではないかと考えています（教育研究集会ではいつも論争になりました）。この違いを「学力問題」として雑誌やテレビでも発言することになり、私の中に「生活教育としての算数」がはっきりとした輪郭をもって形作られるようになってきました。"深い子ども理解"の上に立つ「教科教育」の追求です。

「学びの中で子どもは変わる」ことへの確信

　比較的系統性がはっきりしている算数ですが、子どもたちの学びの事実は、必ずしも教科としての系統性に添うとは限らないことを教えてくれます。第1章で見たように、かけ算九九ができなくても「わり算」や「単位あたり量」の世界をつかんで自らの力で学びのバイパスを拓いていく子ど

もの姿が、私の中で「子どもをどう見るのか」「指導とは何か」を深くとらえることにつながっていきました。

その中で、「子どもにおいて目標を見る」(『生活教育の１００年』川合章著・星林社) こと、「問い」を育て、生活に根ざし総合的に学ぶこと、内容と方法は一体として追求されることを、教科教育のみならず子どもたちのあらゆる「学び」の中心にすえるようになったのです。

「できるようになりたい」と願う子どもたちに応える「学び」(「授業」も含む) をつくることは、自分の生き方や子ども観、教師としての育ちと大きく関係しています。私には、３つの重要なポイントがありました。

教師として育った３つのポイント

１つ目は、算数でも子どもたちが授業を綴り、読み合っていくことを大事にしたことです。一人ひとりの子どもの内面をとらえ、子どもの現実から出発する「学び」(「授業」も含む) をつくること。そして、子どもたちが自分の学びを綴り、そこに現れた子どもの表現から子どもの変化の事実をとらえることの重要性を見つけたことです。

２つ目は、「討論」を学びの中心にすえるようになったことです。それは、子どもは学びのバイパスを自ら拓くという、「発達の主体は子ども自身、学ぶ子どもが主人公」であることへの深い確信を持ったことです。それは、新卒の時の苦い経験のような「説得」ではなく、子どもの中に「納得」をつくることでした。その中で子どもの意欲は引き出され、子ども自身も、子ども同士の関係も変わるということです。算数でも「実感」をもとに「討論」で解決する学びを中心にすえるようになったのです。

討論は、最初はうまくいきませんでした。「誘導」をしていたのです。しかし、子どもたちの心の内にある思いや願いがわかった時、変わりました。どの子も同じ学びの地平に立つ「説得から納得へ」の授業をつくるようになったのです。「やってみたくなる課題」や「現実生活にある課題」から学びを出発させること、子どもたちの「わからなさ」から始まる「討論」の授業です。これが、誰でも安心して発言できるきっかけになり、「対

等で安心の関係は授業の中でつくることができる」という発見でした。「討論」で学ぶことは、単なる方法としての「学び合い・協働学習」ではなく、子どもを生活の主体者としてとらえることなのです。

3つ目は、子どもたちの中に「問い」が育つと、「学び」は教室を飛び出し、たくさんの「ヒト、モノ、コト」に出会って「学び」の世界は豊かに広がり、「主体者として育つ」ということの発見です。

私は算数でも問題作りの他に、時間をかけたレポート作りを子どもたちに提案してきました。算数は、「現実の問題を数の世界で解決する」という目的と構造を持っているからです。「総合的な学習の時間」が始まる前から、社会や理科・生活等の授業で「問い」を教室の外へ広げ、第2章で述べた≪朝の発表≫とつながる学びを実践していました。算数でも、「生活に根ざし、総合的に学ぶ」ことが重要ではないかと考え、探検活動や問題作り、レポート作りに取り組んだのです。地域とつながり、「問い」をさらに発展させ、仲間と共に学んでいく子どもたちの生き生きとした姿に、保護者も教師自身も励まされ、共に学ぶことになったのです。

つながりながら子育てする"生活者"

教師は"子どもと共に育つ伴走者"ですが、地域に生活する"生活者"でもあります。私の3人の子どもは保育所と学童保育所で長年お世話になり、私は地域のたくさんの人に助けられながら子育てをしてきました。核家族だったので、忙しい時は同じ学童保育所や地域の仲間に子どもたちを預かってもらったり、逆にわが家で預かったり……。わが子の子育てを通して、保育士さんや学童保育所の指導員さんたち、地域の仲間たちとつながりながら生活してきました。

「働く親の安心と、子どもの放課後の生活を保障する学童保育所を新設して欲しい」「教育予算を増やして欲しい！」「40人学級の実現を！」「中学校給食を自校方式で！」

こうした子どもや教育をめぐる様々な問題についても、職場や地域で要求実現のために運動してきましたが、たくさんのつながりや運動が「子ど

もをどうとらえるのか」の目を広くしてくれました。わが子も含めた子どもと生きる中で、私の「教育観」は豊かになってきたのではないかと思います。

　第4章Q&Aで見たように多忙で課題の多い学校現場です。だからこそ教師同士のつながり、子育てを通してのつながりや地域での生活者としてのつながりを大切につくっていって欲しいと思っています。

　この本で明らかにしたいと思ったのは、「『あなたの悲しみは、私の悲しみ。私の喜びは、あなたの喜び』という共生の知性と感性を育む教育とは何か」です。それを、日々の実践をとおした子どもたちの姿から表わしていくことでした。

　このたびの出版には多くの方のお世話になりました。十数年前に実践記録をまとめることを勧めてくださった梅原利夫先生、背中を押してくださった村山士郎先生。写真を提供してくださった片岡洋子先生、三輪ほう子さん。そして、細かな実務をすべて引き受けてくださった一声社の米山傑さん。本当にありがとうございました。

　この本が、未来の教師である学生や、困難を抱えながらも現場でがんばる教師や保護者のみなさんへのエールとなればと思います。

＊なお、登場する子どもや教師の名前はすべて仮名です。また、複数の子どものエピソードを1人の子どもに集約したケースもあります。

渡辺恵津子（わたなべ・えつこ）

大東文化大学特任准教授。日本生活教育連盟副委員長。
埼玉大学教育学部卒。2011年3月まで38年間小学校教諭として勤務。

【主な著書】
『こどもといっしょにたのしくさんすう 小学1〜3年』『こどもといっしょにたのしくさんすう 小学4〜6年』（以上、一声社）、『新いきいき算数 1年の授業 水道方式に学んで』（フォーラムＡ）。

【共著】
『先生！』（池上彰編・岩波新書）、『子どもにかかわる仕事』（汐見稔幸編・岩波ジュニア新書）

【学習パネルシアター】
『さんすうたんけん教室― かずってなあに』『さんすうたんけん教室Ⅱ―3けたの数と計算』（原案：渡辺恵津子・日本生活教育連盟パネルシアター実践研究会作・埼玉福祉会）

競争教育から"共生"教育へ
仲間と育ち合う教室づくりのヒント

2016年9月20日　第1版第1刷発行

著　者　渡辺恵津子（わたなべ・えつこ）

イラスト　稲田奈穂　せきしいずみ
デザイン　山﨑理佐子

発行者　米山傑
発行所　株式会社一声社
　　　　東京都文京区本郷3-11-6　浅香ビル1F
　　　　電話　03-3812-0281
　　　　FAX　03-3812-0537　　mail:info@isseisha.net
　　　　郵便振替　00170-3-187618
　　　　URL　http://www.isseisha.net

印　刷　株式会社シナノ

ISBN978-4-87077-264-9 C0037
©Watanabe Etsuko 2016

落丁本・乱丁本はお取替えします。
本書へのご意見・ご感想をぜひお寄せください。

渡辺恵津子の本

こどもといっしょにたのしくさんすう 小学①〜③年

A5判・176頁　本体1,350円+税

「わからない」「間違い」を大切にする算数、討論しながら本質を発見する算数。「正解」を教えたがる教師・親の発想が変わる！　「チョコレートを食べて『ひき算』を考える」「かけ算お店屋さんごっこ」等、遊びながら算数が好きになるヒントがいっぱい！

こどもといっしょにたのしくさんすう 小学④〜⑥年

A5判・240頁　本体1,500円+税

面積・体積・円周率・比例…抽象的で難しくなる高学年こそ、身近な具体物を使って、五感をフル活用して考え合う算数を。友だちの失敗や間違いを大切にし、塾で先取学習した子も、算数が苦手な子もみんなが考え合い、本質を発見する渡辺学級の秘密がここに！

DVD付 お手玉・まりつき・ゴムとび

田中邦子・編著　A5変型判・232頁　本体2,800円+税

人気の伝承遊びが3種目入った、伝承遊び決定版。実演DVD付。子どもに伝承遊びを指導して40年以上の著者が、初心者が必ず上達する独自のカリキュラムを公開。体のバランスよい発達に抜群の効果がある伝承遊びを、クラスや学校ぐるみで！

おすすめ紙芝居400冊　こんな時はこの紙芝居を

子どもの文化研究所・編　A5判上製・204頁　本体2,000円+税

類書のない紙芝居お勧めリスト。膨大な紙芝居から450冊を選定し解説。実演時間の目安もわかる。10社もの出版社からジャンル・作家・出版年代等バランスよく選書。『ジャンルと活用別索引』が「使える！」と人気。

紙芝居　演じ方のコツと基礎理論のテキスト

子どもの文化研究所・編　A5判上製・200頁　本体2,000円+税

紙芝居は演じ方ひとつで効果が全然違う。3つのポイントに絞って、実際の紙芝居画像を使いながら上達のコツを丁寧に解説。他に、手作り紙芝居の作り方、紙芝居のセリフや絵の基本、紙芝居の歴史や教育効果等の理論を解説。

芳賀 哲の『手作りおもちゃ』の本

まわる！とぶ すべる！おもちゃ

菊判・総ルビ・カラー・80頁　本体1,500円+税

巻末の型紙をカラーコピーして作る簡単工作。牛乳パックと輪ゴムで「パッチン！」と音が鳴るハサミ、厚紙とビニール袋で「床の上を滑るネコ」、紙コップ・ロケット、牛乳パック・フリスビー、くるくる回るピエロ等超楽しいおもちゃ。

かざろう！あそぼう！ほんわかおもちゃ

菊判・総ルビ・カラー・96頁　本体1,500円+税

巻末の型紙をカラーコピーして作る簡単工作。厚紙で作る扇風機、ストロー工作で腹鼓を打つタヌキ、紙コップで作る「飛び出す忍者」、厚紙で作る「手足をばたつかせる赤ちゃん」、よく回る回り灯篭、カルガモ親子など超楽しいおもちゃ。

作って・歌って・話して・遊ぶ　おはなし小道具

A5判・88頁　本体1,500円+税

型紙付き。紙コップとストローで作る「ゲコゲコ鳴くカエル」、ストロー工作で「羽ばたくチョウ」、赤ちゃんを抱っこしてあやすクマ等。歌って遊ぶ楽譜19曲付き。

かわいい・びっくり！動く手作りおもちゃ

A5判・96頁　本体1,500円+税

型紙付き。ストローで作る「腹筋するブタ」、ストロー工作で「はいはいする赤ちゃん」、色が変わるマジックカード、戻ってくるブーメラン、シンバルをたたくサル等。

おばけの作り方　教えます

A5判・96頁　本体1,500円+税

型紙付き。子どもが大好きな可愛いおばけ大集合！　表情が変わる提灯おばけ、首が動く不思議な絵、ヘビが跳び出す家、首と手が伸びるろくろ首、ハロウィンおばけ等。

藤田浩子の本

冒険迷路ゲーム　おばけの森

A3判・6枚9場面　本体2,000円+税

大人気の迷路ゲーム。クラス全員で、異年齢で、障がい児教育で！カードの裏表や順番を入れ替えて違う道を作れば、何度遊んでも飽きない！　上か下かを選ぶだけなので、障がいのある子も楽しく参加できる。絶対に間違う秘密の仕掛けが2か所あり。

おはなしおもちゃ　桃太郎パズル

7cm角立方体8つ・10場面　本体1,000円+税

のりしろを両面テープで貼り合わせるだけで出来る、立方体パズル式紙芝居。携帯電話のCMで子どもに人気の桃太郎。立方体を動かしながら、有名な場面を次々に出してお話。動きがダイナミックなので、子どもの目が釘付けに！

おはなしおもちゃ　こぶたパズル

7cm角立方体4つ・6場面　本体700円+税

のりしろを両面テープで貼り合わせるだけで出来る、立方体パズル式紙芝居。立方体を動かしながら、子豚の表情を次々に変える（泣き・怒り・笑顔・食べている顔・寝ている顔・ジャンプする子豚）。色んな使い方が出来、大人気。

おはなしの小道具セット❸
（わらぶき屋根の家＆くるくる変わり絵）

横に伸ばす紙芝居・くるくる変わり絵2種類　本体1,200円+税

横に伸ばしながらお話する「わらぶき屋根の家＆林の中から」。1枚の紙が次々に場面を変える、子どもに大人気の変わり絵「ニワトリ編・ちょうちょ編」の2種類。

おはなしの小道具セット❹
（手品レストラン＆紙芝居）

手品・回転紙芝居　本体1,200円+税

幼児〜小中学生、高齢者にも大人気の【2進法手品】。「食べたい！」と思っているメニューをズバリ当てる！　いくらでもオリジナル手品を工夫できる！